태도가 경쟁력이다

『本物の気づかい』

HONMONO NO KIZUKAI

Copyright © 2020 by HIROYUKI INOUE
Original Japanese edition published by Discover 21, Inc., Tokyo, Japan
Korean edition published by arrangement with Discover 21, Inc.
through Imprima Korea Agency.

인생의 격차를 만드는 관계의 법칙

태도가 경쟁력이다

이노우에 히로유키 지음 　김윤경 옮김

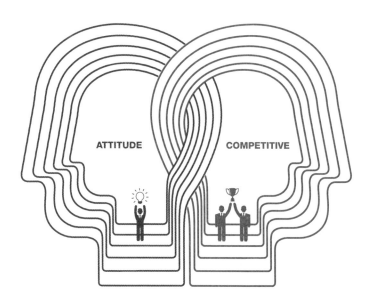

ATTITUDE　　　　COMPETITIVE

RHK
알에이치코리아

순간의 태도가 일생의 무기가 된다

모든 문제가 풀리는 '인간관계에서 가장 중요한 것'

저는 코치, 심리치료사, 저자 등 다양한 얼굴을 갖고 있지만, 본업은 치과의사입니다. 홋카이도 오비히로帯広의 '이노우에 치과의원'에서 원장으로 일하고 있지요.

제가 운영하는 치과에 전국 각지에서 많은 환자가 찾아오는 이유는, 높은 수준의 의료 기술도 있겠지만 환자 한 사람 한 사람에 대한 태도를 중요하게 여기고 실천하기 때문입니다.

좋은 태도라고 해서 대단하거나 어려운 일은 아닙니다. 한 가지 예를 들자면, 틀니를 하고 싶어 하는 할머님이 찾아왔을 때

"최고로 젊어 보이는 틀니를 만들어드릴게요" 하고 웃는 얼굴로 말합니다. 그러면 무척 좋아하시거든요. 이렇게 사소하지만 상대가 웃을 수 있는 이야기를 건네서, 가뜩이나 의사 앞에서 바짝 긴장하고 있는 환자의 마음을 편안하게 풀어주는 겁니다.

그러면 환자는 긴장을 누그러뜨리고 어떤 치료를 받고 싶은지 솔직한 마음을 털어놓습니다. 속마음을 확실히 들어야 가장 적합한 방법을 찾아 치료할 수 있습니다.

그 외에도 상대의 마음을 편하게 해주려는 태도가 좋은 결과를 가져온 사례를 그동안 수도 없이 겪어왔습니다. 그래서 저는 "좋은 태도, 즉 배려가 인생의 질을 한껏 높인다"고 자신 있게 말할 수 있습니다.

배려에서 꽃피는
다섯 가지 이점

'배려'의 사전적 의미는 '도와주거나 보살펴 주려고 마음을 쓰는 일'입니다. 여기에 더해 저는 다음과 같이 정의하고 있습니다.

비려: 상대에 대한 애정으로 마음 쓰는 일, 감사한 마음을 행동으로 표현하는 일

여기서 말하는 '행동'이란 감사한 마음을 "고맙습니다" 하고 말로 하거나 편지 또는 선물을 보내어 표현하는 일을 뜻합니다.

배려심이 깊으면 다음의 다섯 가지 이점을 얻을 수 있습니다.

① 사람들에게 사랑받는다.
② 빠르게 성장한다.
③ 기회가 많아진다.
④ 인생에서 성공한다.
⑤ 여유로운 마음으로 살아갈 수 있다.

① 사람들에게 사랑받는다.

배려란 상대를 향한 마음과 애정을 말과 행동으로 나타내는 일입니다. 남을 배려할 줄 아는 사람은 틀림없이 사람들에게 사랑받을 것입니다.

상대는 '내게 관심을 갖고 살펴봐 준다', '이렇게 세세한 부분까지 신경 써준다'는 인상을 받으면 '또 만나고 싶은 사람이다',

'이 사람에게 ○○씨를 소개해 주고 싶다' 하는 마음이 들기 마련입니다. 따라서 저절로 좋은 사람들과 만날 기회가 늘어납니다.

② 빠르게 성장한다.

만약 당신이 신입 사원이거나 업무에 잘 적응하지 못하는 상황이라고 해도 다른 사람을 배려할 줄 안다면 반드시 누군가가 당신에게 손을 뻗어줄 것입니다. 사람들에게 사랑받으면 배울 수 있는 것도 많아 그만큼 빨리 성장하게 되고 곧 성공으로 가는 지름길이 열립니다.

③ 기회가 많아진다.

다른 사람에게 베풀 때는 대가를 바라서는 안 됩니다. 하지만 신기하게도 대가를 바라지 않고 남을 배려하며 살다 보면 좋은 기회가 늘어나고 인연을 만나게 되는 등 장기적으로 도움이 될 일들이 늘어납니다.

④ 인생에서 성공한다.

인간의 능력을 수치화한 것이 지능지수, 즉 IQ Intelligence Quotient입니다. 하지만 IQ가 높은 사람이 반드시 인생에서 성공하는 것은 아니지요. 오히려 SQ가 높은 사람이 성공할 확률이 더 높다고 합니다. SQ^Social Intelligence Quotient 는 사회적 지능지수로 사람들과 어울리는 능력과 사회성의 정도를 가리킵니다. 상대의 감정을 이해하고 자신의 행동이 상대에게 미치는 영향을 헤아려 대인 관계를 원활하게 하는 능력이죠. 저는 배려심이 뛰어난 사람이 SQ도 높다고 생각합니다. 한마디로 배려할 줄 아는 사람은 성공하게 됩니다.

⑤ 여유로운 마음으로 살아갈 수 있다.

사람은 누구나 배려를 받으면 기분 좋기 마련입니다. 그래서 배려받은 사람은 감사를 표하게 되고 그 감사 인사를 받으면 기쁨이 더욱 커지지요. 따라서 남을 배려하는 행위는 자신의 행복이 되기도 하는 것입니다. 결국 배려하면 할수록 마음에 여유를 가지고 살아갈 수 있습니다.

이 책에서는 이렇듯 여유를 손에 넣을 수 있는 배려의 다섯 가지 이점과 그 구체적인 실천법을 살펴봅니다.

배려는
기쁨의 화신

간혹 자신이 눈치가 없거나 세심한 데까지 생각하지 못하는 성격이라 남들에게 배려할 줄 모른다는 사람이 있습니다. 그러나 '배려'는 습관을 들이면 누구나 할 수 있습니다. 우선은 상대를 기쁘게 하고 싶은 마음을 어떻게 행동으로 표현할 수 있을지 생각해 봅시다.

어느 분야에서 일하든지 상대를 기쁘게 할 수 있으면 성공합니다. 어떤 비즈니스든 그 상품과 서비스의 가치에 고객이 기쁨을 얻는다면 그 사업은 잘될 것이 틀림없지요.

치과의 경우 '치통이 빨리 사라져서 마음에 들어. 너무 좋아' 하고 만족한 환자분은 앞으로도 치과 치료를 받을 일이 생겼을 때 반드시 그 치과를 다시 찾을 것입니다.

우동 전문점이라면 '이 집 우동은 진짜 맛있단 말이지. 기분이 정말 좋아진다니까' 하면서 또 오겠다는 마음이 절로 들 것입니다. 그뿐인가요? 친구들한테도 알려주면서 결국 입소문이 나게 됩니다.

특히, 비스니스에서 성공은 '상대를 기쁘게 하느냐 아니냐'로 결정됩니다. 상대를 기쁘게 하려면 그가 좋아할 만한 배려를 하면 됩니다. 상대가 어떨 때 기뻐할지 알아내려면 그에게 관심을 가지고 어떻게 해야 이 사람이 좋아할지 헤아리는 안테나를 항상 바짝 세워두는 겁니다.

예를 들어 거래처 직원과 평범한 대화를 나누다가 "다음 달에 결혼기념일이라 아내와 여행을 가기로 했어요" 하는 이야기가 나왔다고 합시다.

"그래요? 결혼기념일이 언제인데요?"

"○월 ×일이요."

"축하드려요. 결혼한 지 얼마나 되셨어요?"

"○년 됐어요."

"대단하시네요. 저도 행복하게 오래 살 수 있도록 노력해야겠어요."

대화를 나누면서 상대에 관한 정보를 자연스럽게 알아낼 수 있습니다. 물론 이야기를 주고받는 동안 그가 말하고 싶어 하지 않는 듯한 느낌이 들면 더 이상 캐묻지 말아야겠지요.

결혼기념일과 같은 '특별한 날'을 알게 되었다면 기념일에 비용이 부담스럽지 않은 작은 꽃다발이나 쿠키를 선물로 보내는 방법이 있습니다.

부부 사이더라도 배우자가 구체적으로 어떤 일을 하고 있는지는 정확히 알지 못합니다. 그런데 거래처에서 선물을 보내오면 배우자가 존중받으면서 일하고 있다는 사실을 알게 되어 기분 좋기 마련이지요.

배우자가 좋아하면 자신이 선물을 받았을 때보다 왠지 뿌듯합니다. 즉, 당신은 이렇게 세세한 데까지 생각해 주는 사람이라는 이미지를 얻게 됩니다.

이렇듯 평범하게 오가는 대화 속에서 상대가 기뻐할 일을 알아내어 말이나 행동으로 표현하는 것이 중요합니다.

배려를 습관으로 만드는
세 가지 포인트

배려를 자연스럽게 익히려면 구체적으로 어떻게 해야 할까요? 핵심은 다음 세 가지입니다.

① 자신이 기쁜 일을 상대에게도 해준다.

② 상대의 입장이 되어 어떤 일이 좋을지 생각한다.

③ 주변을 관찰하면서 사람들이 언제 무엇에 기뻐하는지 배워나간다.

① 자신이 기쁜 일을 상대에게도 해준다.

첫 번째 포인트는 남이 내게 어떤 일을 해줬을 때 기뻤는지 떠올려보고 그 일을 상대에게 똑같이 해주는 것입니다.

붐비는 전철 안에서 자리를 양보받아 기뻤다면 나도 누군가에게 자리를 양보하는 거지요. 맛있는 과자를 선물 받고 좋았던 기억이 있다면 과자를 선물합니다.

칭찬받을 때 기분이 좋았다면 상대를 칭찬하고, 상대가 약속한 시각에 늦지 않게 와줘서 기뻤다면 당신도 제시간에 맞춰 나가는 겁니다.

"고마워"라는 말을 듣고 행복한 마음이 들었다면 바로 "고마워!"라고 말하면 됩니다.

답은 자신의 마음속에 있습니다.

나 자신을 들여다보고 상대가 어떻게 해줬을 때 기쁨을 느끼는지 찾아보세요.

② 상대의 입장이 되어 어떤 일이 좋을지 생각한다.

사람은 열이면 열 명 모두 생각과 감정이 다릅니다. 어쩌면 A 씨는 과자를 선물로 받아도 별로 기쁘지 않을지도 모릅니다. 그 때 필요한 것이 바로 두 번째 포인트입니다. 상대의 입장에 서서 어떤 일에 좋아할지 살펴보는 거지요. A씨는 어떨 때 기뻐할지 생각해 봅시다. 평소에 애정을 가지고 상대를 관찰하면 그 사람의 '기쁨 포인트'를 알 수 있습니다. 아무리 생각해도 잘 떠오르지 않는다면 직간접적으로 물어봐도 좋습니다.

"단것은 싫어하세요?"

"네, 그러네요. 단것보다는 술을 좋아해요."

A씨는 이렇게 대답할 수도 있습니다. 그렇다면 앞으로 선물할 일이 있을 때 술을 보내는 것이 좋겠지요.

③ 주변을 관찰하면서 사람들이 언제 무엇에 기뻐하는지 배워나간다.

세 번째 포인트는 주변을 관찰하면서 사람들이 대개 언제 기쁨을 느끼는지 알아내는 것입니다. 그리고 똑같이 따라 해보는 거지요. 따라 한다고 해도 처음에는 생각처럼 잘되지 않을 확률이 높습니다. 하지만 사소한 일을 조금씩이라도 계속해 보세요.

곧 자신에게 맞는 방법이 보이고 자신만이 할 수 있는 배려를 찾을 수 있습니다.

이 책에서는 이러한 세 가지 포인트를 중심으로 제가 인생을 살아오면서 느낀 '진정한 태도'를 구체적으로 알려드리고자 합니다. 전부 누구나 실천할 수 있는 간단하고 쉬운 일입니다.

처음에는 한두 가지만이라도 괜찮으니, 가능한 한 꾸준히 일상 속에서 실천해 보세요. 머지않아 배려하는 말과 행동이 저절로 배어 나올 겁니다.

한 사람이라도 더 많은 분이 이 책을 읽고 '진정한 태도'를 습관으로 익혀 더욱 질 높고 행복한 인생을 살 수 있길 바랍니다.

이노우에 히로유키

2장 인간관계가 돈독해지는 태도

3장 한 단계 위의 태도

4장 사생활에서의 태도

1장

ATTITUDE

자연스럽게
호감을 사는 태도

COMPETITIVE

요즘 시대에
필요한 배려

요즘은 비즈니스 접대나 형식적인 인사치레가 줄어드는 추세다 보니 '배려'의 기준이 무엇인지 고민되기도 합니다. 심지어 쓸데없는 일을 하지 않는 편이 낫겠다고 생각되는 상황도 종종 벌어집니다.

이러한 상황에서는 상대를 배려하기가 어렵다 혹은 장벽이 높다고 여겨지기 쉽습니다. 하지만 비즈니스를 비롯한 온갖 세상일이 아무리 간소화된다 해도 사람은 누군가 나를 위해 어떤 일을 해주거나, 자신이 베푼 일에 답례를 받으면 기쁨을 느끼기 마련입니다. 이는 인간의 바뀌지 않는 심리입니다. 그래서 저는

'사람을 대하는 일만큼은 자신의 상황에 맞춰 생략하지 않는 것이 좋다'고 생각합니다.

　사소한 일도 좋으니 항상 배려하는 마음을 잊지 마세요. 이를 테면 다음과 같이 약간의 수고와 시간을 아까워하지 말고 상대에게 마음을 써주는 겁니다.

- 선물할 때는 물건을 직접 만져보고 확인하고 나서 보낸다.
- 일이 잘 안 풀려 힘들어하는 동료에게 슬그머니 캔 커피를 건넨다.
- 상사가 확인할 자료에 포스트잇을 붙여 검토 시간을 줄여줄 한마디를 곁들인다.
- 친한 사람에게 누구보다 빨리 생일 축하 메시지를 보낸다.
- 사소한 일에도 "고마워!" 하고 반드시 마음을 표현한다.

　'배려'의 반대는 '무성의'라고 할 수 있습니다. 따라서 '내가 너무 무성의했어' 하고 후회할 것 같다면 사전에 신경 쓰는 것이 좋습니다. 약간 번거롭고 수고스럽긴 하지만 시간과 돈이 많이 들지는 않습니다. 이러한 작은 성의와 배려 있는 행동이 쌓여서 미래에 커다란 결과로 돌아오게 되지요.

사람을
감동시키는 표현

누군가 자신에게 도움 되는 일을 해주거나 선물을 주었을 때 바로 고마움을 표현하는 것은 인간관계에서 가장 중요한 예의이자 태도입니다.

저는 치과의사로서 이틀에 걸쳐 여러 건의 임플란트 수술을 할 때가 있습니다. 심지어 일이 많을 때는 잠을 거의 자지 않고 연달아 한 적도 있을 정도지요. 이럴 때는 임플란트 시스템을 만드는 의료기기 제조사 '교세라(세라믹 제품을 비롯해 폭넓은 분야에서 사업을 전개하는 글로벌 기업으로, 이나모리 가즈오 현 명예고문이 창업했다-옮긴이)' 직원들이 하루 종일 견학을 하는데, 간혹 수술이

새벽 4시 혹은 5시까지 지속될 때도 그 시간까지 함께합니다.

견학을 마치고 돌아간 교세라 직원들은 반드시 나중에 감사 메일이나 편지를 보내옵니다. 게다가 형식상 보내는 메시지가 아니라서, 그 정성에 감동을 받곤 합니다.

보통 감사 메일이나 메시지는 대부분 다음과 같은 정형적인 글이지요.

일반적인 감사 메일

이노우에 원장님!

항상 많은 도움을 받고 있습니다. 주식회사 △△의 ▲▲▲입니다.

어제는 바쁘신 중에도 귀한 수술 과정을 보여주셔서 감사했습니다.

무척 훌륭한 수술이었습니다. 기회가 있다면 또 견학하고 싶습니다.

앞으로도 잘 부탁드립니다.

이런 감사 메시지도 좋지만 교세라 직원들이 보내온 메일은 조금 다릅니다.

교세라 직원들이 보내온 메일

이노우에 원장님!

이번에도 훌륭한 수술 과정을 견학하게 해주셔서 깊이 감사드립니다. 원장님의 수술은 팀 전체가 무엇을 해야 할지 이해하고 있는 점에서 정말 훌륭합니다. 팀의 조직적인 협력 체계가 임플란트 수술의 기술과 속도를 실현 가능하게 해준다는 생각이 듭니다.

원장님에게 배운 의료 기술과 사람에 대한 가치관은 저희 회사의 경영 철학과도 통합니다. 그렇기에 일의 철학을 깊이 이해하는 데도 무척 도움이 되었습니다.

치과의사는 이 방면의 기술자입니다. 기술자는 자신의 솜씨를 칭찬받으면 기쁜 법이지요. 더구나 임플란트 수술에서 가장 중요한 점은 치료 후 겉으로 드러나는 솜씨, 즉 완성도와 속도입니다. 그렇기에 이 점이 뛰어나다는 말을 구체적으로 들으면 한층 기쁘게 되죠.

게다가 늦은 시각인데도 돌아가서 바로 감사 메일을 보내준 데 정말 고마웠습니다. 견학하러 온 직원들 가운데는 나중에 엽

시로 감상을 적어 보내는 사람도 있습니다. 이 짧은 편지에도 역시 진심이 고스란히 담겨 있어서 매우 가슴이 벅찼지요.

메일 내용이 평범하다고 하더라도 빠르게 인사를 전해왔다는 데 가치가 있으며 대단한 일입니다. 실은 이렇게 마음이 듬뿍 담긴 메일을 받고 가슴이 울컥해져서 가까운 지인들에게 보여주고 싶을 정도였습니다. 값비싼 선물을 받는 것보다도 감동적이지요.

이 사례는 감사 인사의 내용도, 보내온 속도 면에서도 제가 더 감사할 따름이었습니다. 다시금 이 메일에서 어떤 점이 좋았는지 그 포인트를 생각해 보았더니 다음의 세 가지 내용이 모두 녹아 있었기 때문입니다.

① 사실과 현상에 대한 감상
   : 수술을 견학할 수 있었던 것이 좋았다.
② 상대를 진심으로 칭찬하는 내용
   : 수술의 완성도와 속도가 뛰어났다.
③ 얻은 점이나 배운 점
   : 일의 철학을 깊이 이해하는 데 도움이 되었다.

말로 마음을 전하는 데는 비용이 들지 않습니다. 상대를 생각하면서 알맞은 말을 골라 얼마든지 기쁘게 할 수 있습니다. 감사의 마음을 말로 전할 때는 이 세 가지 핵심을 꼭 기억하길 바랍니다.

연락이 늦었을 때
해야 할 일

감사한 마음을 전하는 연락은 언제 해야 좋을까요? 감사 인사는 속도가 생명이므로 빠르면 빠를수록 상대에게 좋은 인상을 줍니다. 비즈니스 매너 측면에서 볼 때는 상대가 어떤 일을 해줬다거나 선물을 보냈다면 늦어도 3일 이내에 답례하는 것이 정석입니다.

하지만 사정에 따라서 바로 감사 인사를 할 수 없을 때도 있습니다. 이럴 때 빠른 답례에 못지않은 정성스러운 대응 방법으로 어떤 게 있을까요?

바로 손편지를 쓰는 것입니다. 왜 손편지가 좋을까요? 인쇄

자연스럽게 호감을 사는 태도

된 문장과 손편지에 쓰인 글을 비교해 보면 차이가 한눈에 드러납니다. 손편지에 적힌 글에는 마음을 담아 한 글자 한 글자 써 내려간 온기가 배어 나와 보낸 사람의 마음이 더욱 잘 와닿기 때문입니다. 그렇기에 행여 글씨를 예쁘게 쓰지 못하더라도 손편지 하나만으로 진심을 더 잘 전할 수 있습니다.

편지를 쓸 때 유념해야 할 사항은 세 가지입니다.

① 자기 나름대로 정성껏 쓴다.
② 마음을 담는다.
③ 상대가 기뻐할 내용을 적는다.

만약 중요한 사람에게 더 큰 성의를 보이고 싶다면 필기구를 활용하는 것도 방법입니다. 볼펜보다는 만년필로 쓰기를 권하고 싶군요. 만년필은 필압에 따라 잉크가 나오는 양이 달라집니다. 마음을 담아 힘 있게 눌러 쓰면 잉크가 많이 나와 종이에 스며들고, 가볍게 펜을 놀리면 사각사각 막히지 않고 술술 써나갈 수 있습니다. 다시 말해, 만년필로 쓰면 단어나 문장뿐만 아니라 글자의 모양에서도 쓴 사람의 마음이 느껴집니다.

그리고 만년필 전용 편지지를 선택하면 잉크가 종이에 깨끗하게 스며들어 한층 만년필 글씨의 맛이 살아납니다. 계절감이 느껴지는 무늬가 그려진 편지지라면 더욱더 성의를 보일 수 있겠지요.

편지를 쓸 때도 세세한 부분까지 신경을 쓰면 반드시 마음을 전할 수 있습니다.

예전에 지인에게 정성스럽게 편지 쓰는 법을 가르쳐 준 적이 있습니다. 그는 이후 연말이 되면 제가 알려준 대로 손편지를 써서 선물과 함께 보내옵니다. '이렇게 마음을 써주다니 고마운 걸' 하는 마음이 들더군요.

언제나 남을 생각할 줄 아는 사람은 누구에게나 사랑을 받고 직장에서도 호감을 삽니다. 그 지인은 사내에서도 마찬가지로 사람들을 배려할 테지요.

편지의 보편적인 형식에 얽매이지 않고 유머를 섞어 쓴 편지도 좋습니다. 어느 교수의 아내분께 이런 편지를 받은 적이 있습니다.

남편은 코로나 팬데믹으로 인해 외출 자제 권고로 대학에 나가지 않는데, 집에도 없으니 어디서 외출을 자제하고 있는 걸까요. 하지만 이 노우에 선생님께 받은 아스파라거스가 맛있다면서 지금은 집에서 식사를 하고 있습니다. 이제 집에서 외출을 자제할 것 같습니다.

유머가 넘치는 감사 편지는 받는 사람을 즐겁게 합니다. 게다가 독창성이 드러나기 때문에 단순하고 형식적인 감사 편지와는 달리, 문자만으로도 상대와 마음의 교류가 이루어지는 느낌이 듭니다.

감사 편지와 함께
선물을 보낸다

만약 감사 인사를 하지 못하고 시간이 지체되었다면, 상황에 따라서는 선물을 보내도 기뻐할 것입니다.

'그때의 감동을 선물로 전하고 싶어서 작은 선물을 보내드립니다.'

'숨 쉬기 편하다고 소문이 자자한 마스크가 있어서 ○○씨 생각이 났어요. 편지와 함께 보내드립니다.'

감사 인사가 늦어지는 실례를 했다면 간단한 손편지를 곁들여 소소한 선물을 보내기만 해도 당신의 인상을 크게 바꿀 수 있습니다.

사소한 일이라도 하느냐, 하지 않느냐. 이 차이가 우리의 미래를 바꿔줍니다.

—

'사소한 일이라도
하느냐, 하지 않느냐.'

이 차이가 우리의 미래를
바꿔줍니다.

—

"고맙습니다"라는
마법의 말

"고맙다"라는 말은 최고의 커뮤니케이션 도구입니다. 고맙다고 말한 횟수만큼 서로의 관계가 좋아지니까요.

고맙다고 말하는 사람은 상대에게 받은 것에 대해 감사의 마음을 전함으로써 자신도 기분이 좋아집니다. 또한 감사의 말을 들은 사람은 자신이 한 말이나 행동을 상대가 인정하고 이해해주었다는 사실에 자기긍정감이 한껏 높아집니다.

이처럼 고맙다는 말은, 말하는 사람과 듣는 사람 모두를 행복하게 해주므로 얼마든지 말해도 좋은 표현입니다.

선물을 받았을 때,

도움을 받았을 때,

위로를 받았을 때,

떨어뜨린 물건을 누가 주워줬을 때,

자리를 양보받았을 때.

우리가 "고맙습니다"라고 말할 수 있는 상황은 매우 많습니다. 업무 상황이라면 상대가 우리 회사의 서비스나 상품을 구입했을 때 절대 빠뜨릴 수 없는 인사이지요.

잘못을 지적받았을 때도 '고맙습니다'를 활용할 수 있습니다. 어떤 행동에 대해 잘못을 지적받았을 때 뿌루퉁해지거나 침울해하지 말고 "미처 깨닫지 못했는데 짚어주셔서 고맙습니다"라고 말해보세요.

잘못을 지적하는 것은 상대가 당신에게 무언가를 가르쳐 주고 싶기 때문입니다. 자신의 잘못을 깨달아 반성하고 고쳐나갈 때 사람은 성장하는 법입니다.

당장은 지적을 듣고 침울할 수도 있지만, 상대가 그러한 성장의 기회를 준 데에 대해 "고맙습니다" 하고 감사의 마음을 전할 줄 아는 사람이 그릇이 큰 사람입니다. 감사를 전하면 지적해 준 사람에게 '성공 가능성이 큰 사람'이라는 인상을 줍니다. 또한 어떤 기회가 있을 때 알려주고 싶은 마음이 들 테니 나 자신이 성장하고 발전할 기회가 많아질 것입니다.

진심이 전달되는
세 가지 요소

상대가 무언가를 해줬을 때 반사적으로 "고맙습니다" 하고 마음을 전하는 일은 중요합니다. 감사한 마음을 더욱 진솔하게 표현해 상대의 마음속 깊은 곳에 닿게 하고 싶다면 다음 세 가지 요소를 조화롭게 엮어보세요.

'○○ 씨(이름)' + '○○해 주셔서(감사한 일)' + '고맙습니다'

예를 들어 이렇습니다.

"L씨, 멋진 생일 선물을 주셔서 고맙습니다."

"T씨, 그 점을 일깨워 주셔서 감사드려요."

"Y씨, 상품을 구매해 주셔서 정말 감사합니다."

심리학에서는 상대의 이름을 불러주면 자신에 대한 호감도가 올라간다고 합니다. 또한 무엇에 대해 고마운지 덧붙이면 더욱 진심이 담긴 느낌을 줍니다.

따라서 '상대의 이름' + '감사한 일' + '고맙습니다' 이 세 가지를 아울러 의식하고 표현하면 감사하는 마음을 더욱 진솔하게 전달할 수 있습니다.

직접 "고맙습니다" 하고 말로 전할 때는 최대한 감사의 마음을 담아서 말하세요. 진심이 담겨 있으면 상대의 마음에도 고스란히 닿을 것입니다.

상대가 더욱 기뻐할
감사 표현

메일로 일을 의뢰받았을 때도 감사의 마음을 전할 절호의 기회입니다. 수락 의사를 밝히는 답장을 보낼 때, 저는 반드시 솔직한 감정을 긍정적인 표현으로 덧붙입니다.

'고맙습니다. 정말 기쁘군요.'
'고맙습니다. 마침 이 기획을 하고 싶었어요.'
'감사합니다. 에너지가 너무 넘쳐나서 어떻게 하나 싶던 참이었어요.'
'감사합니다. 기쁜 마음으로 열심히 하겠습니다.'
'감사합니다. 이 일 잘해보고 싶어요.'

다시 말해, '고맙다(감사의 말)' + '기쁘다(긍정적인 감정)'를 전달하는 겁니다. 긍정적인 감정을 표현하는 한마디를 덧붙이기만해도 상대는 그 진심을 느낍니다. '그렇게 생각해 주다니 기쁘다' 하는 마음이 들 테니까요. 상대가 기쁨을 느낄 수 있다면 반드시 좋은 결과로 이어집니다.

나라면
어떤 마음이 들까

●
(
○

    배려할 줄 하는 사람이 되고 싶다면 '상대'를 '자신'으로 바꿔 생각해 보세요.

  '어떻게 하면 상대가 기뻐할까?'를 알고 싶다면,

  '나는 어떻게 해줄 때 기쁜가?'를 생각하면 됩니다.

  '상대에게 최고의 대접을 하고 싶다'면,

  '나는 어떤 대접을 받으면 최고의 대접이라고 느껴질까'를 생각하는 것이죠.

비즈니스에서도 마찬가지입니다.

'어떻게 해야 고객이 이 상품을 살까?'를 알고 싶다면,

'어떤 상품이어야 내가 살 마음이 들까?'를 생각하면 됩니다.

'성공 철학이 뭘까?'를 알고 싶다면,

'나는 언제 일이 계획대로 잘 되었던가'를 떠올려봅니다.

대답은 대부분 자신의 안에 있습니다.

입장을 바꿔 생각했을 때, 자신이 당하고 싶지 않은 일은 나도 남에게 하지 않으면 됩니다.

만약 자신과 상대의 가치관에 큰 차이가 있다면 우선 상대를 존중하세요. 자신의 가치관을 강요하지 말고, 상대가 불쾌하게 여길 일을 하지 않으면 됩니다.

나와 그는 서로 다른 게 당연합니다. 만약 상대를 존중하는 것만으로 서로 이해할 수 없다면 어렵더라도 함께 대화를 나눠 협의하는 것이 좋습니다. 그렇게 하면 엇나가거나 착각하지 않고 서로 배려하는 관계를 만들어갈 수 있습니다.

배려에도
타이밍이 중요하다

●
(
○

남을 배려할 때는 타이밍이 중요합니다. 똑같은 말이나 행동이라도 타이밍을 잘 맞추면 그 효과가 몇 배로 커지거든요.

저는 제가 운영하는 치과에서 일하는 직원들에게 집안 경조사나 따로 축하할 일이 있으면 반드시 축하금 또는 조의금을 마련합니다. 신혼여행을 떠날 때는 비상금을 주고 먼 지역으로 이사한다는 말을 들으면 전별금을 건넵니다. 결혼식이나 장례식에 참석할 때는 당일에 전해주지만 새집 입주나 이사, 신혼여행 때는 미리 축하하고 성의를 전합니다.

축하받는 타이밍을 자신의 일이라고 생각해 보세요. 기쁜 일이 일어난 시점에 바로 축하받는 것과 시일이 지나서 늦게 축하받는 것, 어느 쪽이 더 좋을까요?

새집을 마련해 이사할 때나 신혼여행에 갈 때는 아무래도 지출이 많으므로, 축하금을 일찍 받으면 더욱 고마울 것입니다.

딱 알맞은 때에 맞춰 축하를 받으면 기쁨이 더욱 커지기 마련입니다.

'생일 축하해!' 하고 SNS로 축하 메시지를 받을 때도 생일이 시작되는 밤 12시에 바로 받는 것이 2~3일 지나서 받는 것보다 감동이 클 수밖에 없겠지요.

연애에 비유해 봐도 아주 쉽게 이해할 수 있습니다.

가령 생일 직전인 밤 11시 59분에 애인에게 전화를 걸어서, "너의 ○○살이 이제 1분 후에 끝나네. 일 년 동안 고마웠어!" 하며 말하고 난 뒤, 밤 12시를 맞이하자마자 "생일 축하해. 그 누구보다도 빨리 축하 인사를 할 수 있어서 기뻐" 하고 마음을 전하면 사이가 더욱 깊어질 것입니다.

배려할 때는 가장 좋은 시간을 의식함으로써 상대가 느끼는 감동의 깊이를 바꿀 수 있습니다. 그 결과 두 사람의 거리도 좁혀지겠지요.

상대에게 뭔가를 해주고 싶을 때는 '자신이 가장 기쁜 타이밍'을 떠올려 상대에게도 똑같은 때에 해주세요. 만약 가장 좋은 타이밍을 놓쳤다 싶으면, 그런 과정을 반복하면서 스스로 학습해야 합니다. '실패해 봤으니 이번에는 이렇게 해보자' 하며 여러 번 시도해 보는 동안 가장 좋은 때를 알게 될 테니까요.

아무리 머리를 짜내도 도저히 좋은 시점을 알 수 없을 때는 다음과 같이 해봅니다.

① 아예 하지 않는 것보다는 하는 것이 좋다. 일단 해라.
② 기본적으로, 늦게 하는 것보다 일찍 하는 것이 좋다.

① 아예 하지 않는 것보다는 하는 것이 좋다. 일단 해라.
하지 않으면 아무것도 달라지지 않습니다. 일단 시도하면 설사 실패하는 한이 있더라도 실패라는 경험에서 배우고 성장할 수 있지요.

다만 아무 생각도 하지 않고 행동하는 것은 좋지 않습니다. 우선은 어떤 타이밍이 좋을지 생각해 보고, 끝까지 망설여지거나 고민이 된다면 일단 행동으로 옮겨보세요.

② 기본적으로, 늦게 하는 것보다 일찍 하는 것이 좋다.

배려의 기본은, 늦기보다는 일찌감치 서두르는 데 있습니다. 거래처 담당자의 생일이 하필 일요일이어서 회사 메일로 축하 메시지를 전할 수 없다면, 이틀 전인 금요일에 미리 '내일모레가 생일이시죠? 축하드립니다' 하고 전해보세요.

모든 것은 습관입니다. 배려의 말을 건넬 타이밍을 잘 잡아낼 수 있으면 인생에서 기회를 잡을 타이밍도 잘 알 수 있습니다.

—

모든 것은 습관입니다.

배려의 말을 건넬 타이밍을
잘 잡아낼 수 있으면
인생에서 기회를 잡을 타이밍도
잘 알 수 있습니다.

—

뜻밖의 반응에
감동은 두 배

고객, 직장 상사나 부하 직원, 동료, 혹은 가족이나 연인까지, 상대가 좋아할 일을 하면 모든 일이 잘 풀립니다. 상대를 기쁘게 하려면 '의외의 반응'으로 상대를 감동에 빠뜨리는 것이 중요합니다.

저는 옷을 좋아해서 자주 구매하곤 하는데, 주로 이용하는 매장이 몇 군데 있습니다. 그 매장들 가운데서도 '패시네이트'라는 오사카의 편집 숍(한 매장에서 다양한 브랜드의 제품을 판매하는 매장. 셀렉트 숍이라고도 한다-옮긴이)을 자주 이용합니다. 상품 라인

업이 취향에 맞기도 하거니와 무엇보다도 경영자인 도쿠나가 쓰요시 씨의 배려가 뛰어나기 때문입니다. 하루는 그가 한 고객에게서 밤 10시에 메일을 받았다고 합니다.

'곧 중요한 선물을 할 일이 있어서, 혹시 추천해 주실 만한 상품이 있을까요?'

그는 두 시간도 채 지나지 않아 상품 목록을 보냈다고 합니다. 이렇게 빠른 회신과 자료에 고객은 감동할 수밖에 없었습니다. 그가 보낸 목록에는 스무 벌 정도의 상품이 소개되어 있고 상품에 대한 설명은 물론, 왜 추천하고 싶은지 그 이유가 상세히 적혀 있었다고 하더군요.

매장에 직접 가지 않아도 옷의 이미지를 다 파악할 수 있었고, 더욱이 신속하게 대응해 주니 바쁜 고객에게는 정말로 고마운 일이었겠지요.

도쿠나가 사장의 대응은 다른 가게와는 달리 '신속한 회신'과 '상대가 원하는 수준 이상의 서비스(이 경우는 상품 목록)'가 고객의 감동으로 이어진 것입니다.

상대가 미안해하면
마음을 편하게 해준다

저 또한 비슷한 경험이 있습니다. 패시네이트의 브랜드 수주회(계절 신상품을 전시해서 구입 예약을 받는 행사. 예약회라고도 한다-옮긴이)에서 이탈리아제 부츠를 예약했을 때입니다.

그런데 우연히 다른 해외 사이트에서 같은 상품을 상당히 저렴한 가격에 판매하고 있는 것을 알았지 뭡니까. 미안했지만 도쿠나가 사장에게 전화를 걸어 솔직히 이야기했습니다.

"부츠 예약을 취소해도 되겠습니까? 다른 사이트에서 더 저렴한 가격에 팔고 있어서요."

그러자 "지금이라면 전혀 문제없습니다. 선생님께는 평소 신세를 지고 있기도 하고요" 하며 흔쾌히 받아들이더군요.

"죄송해요. 다음 시즌에는 뭐든 꼭 사겠습니다."

저는 미안해서 이렇게 말했고, 그는 또 다시 "아닙니다. 마음 쓰지 마세요" 하고 대답했습니다.

그 별거 아닌 듯한 한마디에 마음이 녹아내렸습니다.

그는 제게 부담되는 말은 한마디도 하지 않았습니다. 그러니 오히려 '다음에는 꼭 사야지' 하는 마음이 생기더군요. 배려를 받고 저는 '사과하는 의미로' 그 매장의 전 직원에게 작은 먹거리들을 보냈습니다.

상대가 미안한 감정을 느끼고 있을 때.
"정말 괜찮습니다."
"아무 문제 없어요."
이렇게 말하며 상대의 마음을 편하게 해주는 대응이야말로 진정한 배려라는 사실을 실감했습니다.

지금 손해를 보고
추후 이득을 취하라

제가 부츠 예약을 취소하고 싶다고 했을 때 도쿠나가 사장은 "이번에는 취소하실 수 없습니다"라고 말할 수도 있었을 겁니다.

또한 도쿠나가 사장은 제가 예약 취소 의사를 내비쳤을 때 "그렇습니까? 그럼 이번만 해드릴게요" 하고 생색을 낼 수도 있었습니다.

하지만 실제로는 웃는 모습이 눈에 보이는 듯한 목소리로 "전혀 문제없어요"라고 흔쾌히 답해주었지요. 저 혼자 '생색내면서 이렇게 대답할 수도 있지 않았을까?'라며 도쿠나가 사장의 입장을 상상해 보니 더욱더 그의 대응에 감동해 다음에 또 구매해야겠다는 생각이 들었습니다.

'손해가 의외의 큰 이익으로 이어진다'라는 말이 있습니다. 일시적으로 손해를 보더라도 장기적으로는 큰 이익이 되어 돌아온다는 뜻인데, 도쿠나가 사장은 이 말을 자연스럽게 실현하고 있었던 것입니다.

화장품과 건강식품을 판매하는 '긴자마루칸'의 창업자 사이토 히토리(여러 해 동안 일본 납세액 1위를 기록한 거부로 알려져 있다-옮긴이)는 다음과 같이 말했습니다.

정말 중요한 대응은 거절당했을 때입니다. 활짝 웃으며 '자, 그럼 또 무슨 일 있을 때 잘 부탁드립니다' 하고 기분 좋게 말하는 겁니다. (중략) 일을 한꺼번에 많이 수주받는 게 아니라, 거듭 거절당하면서 계속해서 밭을 갈고, 또 갈다 보면, 그곳에 뿌리가 내려 결국은 '좋은 단골 고객'이 됩니다.

- 사이토 히토리, 『안력眼力』

외모보다
인성을 칭찬하기

●
(
○

사람은 칭찬을 받으면 기쁘기 마련입니다. 처음 만난 자리에서도 조금만 상대를 칭찬하면 좋은 인상을 남길 수 있습니다. 그렇다면 상대를 칭찬할 때는 구체적으로 무엇을 언급하면 좋을까요? 제 주변에 있는 영업의 달인에게 물어보니 사람은 자신이 지닌 물건이나 외모를 칭찬받기보다 인성을 칭찬받을 때 더 기뻐한다고 합니다.

"이 넥타이 멋지네요."
"너무 아름다우셔서 함께 있으면 마음이 설렙니다."

자연스럽게 호감을 사는 태도 ○

이와 같은 말보다, "세심하게 챙겨주셔서 마음이 편안하네요" 하고 칭찬받는 것이 더 기쁘다는 뜻이지요.

어느 인터넷 사이트에서 실시한 설문 조사에서 "좋아하는 이성에게 칭찬받고 싶은 것은 '외모'와 '내면' 중 어느 쪽인가요?" 하는 질문에 남녀 모두 절반 이상이 '내면'을 선택했다고 합니다.

사람은 외모보다도 성격이나 인성을 칭찬받고 싶어 하는 경향이 있습니다. 그렇다고 처음 만난 사람에게 "성격이 참 좋으시네요"라고 말하기는 어렵겠지요. 처음 만난 자리라면 상대를 깊이 알려고 할 필요도 없습니다.

그저 자신이 느낀 그대로 상대에 대한 긍정적인 인상을 솔직히 말로 표현해 주면 됩니다.

예를 들어볼까요?
"이야기를 나눠보니 매우 밝은 분이신 것 같아요."
"같이 있는 동안 정말 즐거웠습니다."
"성실하고 올곧은 분이라고 느꼈어요."

"여러 가지로 준비해 주시고, 배려심이 깊은 분 같아요."

그렇다고 해서 너무 진지하게 칭찬하면 가식적이라고 느낄 수 있으니 가벼운 말로 슬쩍 칭찬하는 것이 비결입니다.

약속 장소에
5분 먼저 도착한 척하라

만나기로 한 장소에 시간 맞춰 도착했는데 이미 상대가 와 있습니다. 아마도 대부분 이런 상황을 여러 번 겪어봤을 것입니다. 그래서 인사차 물어보지요.

"많이 기다리셨어요?"

그런데 상대가 이렇게 대답하는 겁니다.

"네. 오늘은 길이 안 막혀서 20분 전에 도착했어요."

당신은 약속 시각에 딱 맞춰 왔는데도 '오래 기다리셨겠네,

괜히 죄송하다' 하고 불편한 마음이 들 것입니다.

저는 사람을 만나기로 약속하면 항상 일찍 나갑니다. 일찌감치 도착해서 만날 장소를 확인한 후 근처에서 기다리다가 5분 전이 되면 약속한 장소로 가서 '지금 막 도착한 것처럼' 행동합니다. 또는 상대가 오고 있는 모습이 시야에 들어오면 그때 이동해서 "저도 지금 막 왔습니다" 하고 말할 때도 있습니다.

10분 전이라면 오래 기다리게 했다는 느낌이 들고 2~3분 전이면 너무 여유가 없어 부자연스럽습니다. 그래서 '5분'이 가장 적당합니다.

5분 전에 도착한 척하는 것은 상대를 위한 사소한 배려입니다. 이렇게 마음을 써서 말해주면 상대가 불편해하지 않고 넘어갈 수 있습니다.

어쩌면 무의식중에 '이 사람 느낌이 좋다'는 인상을 줄 수도 있습니다.

이렇게 느낌이 좋은 순간을 조금씩 반복해 축적하면, 당신의 인상은 남들에게 '왠지 좋은 사람'으로 자리 잡을 것입니다.

만나기로 한 시각에 늦느냐 일찍 가느냐는 상대에게 주는 인상을 크게 좌우합니다. 몇 번 늦게 되면 '이 사람은 도통 시간관념이 없어' 하고 좋지 않은 인상을 심어줄 것입니다. 업무 능력과는 전혀 관계없는 부분에서 부정적인 평가를 받다니 너무 아까운 일이지요.

약속 장소에는 항상 일찍 도착해서 5분 전에 도착한 척하는 배려로 자신도 상대도 기분 좋은 상황을 만들어 보세요.

—

느낌이 좋은 순간을
조금씩 반복해 축적하면,

당신의 인상은
'왠지 좋은 사람'으로
자리 잡을 것입니다.

—

무엇보다 상대의
시간을 아껴준다

예전에 비행기가 연착되어 어쩔 수 없이 늦었다면서 업무 회의에 자주 지각을 하는 직원이 있었습니다. 물론 비행기가 지연되는 일은 종종 발생합니다. 그렇다면 비행기가 자주 연착되는 걸 알고 있으니 회의 시각에 맞춰올 수 있도록 더 이른 항공편을 예약하는 등 방법을 찾았어야 합니다.

"전철이 10분 지연되어 지각했습니다."

이 역시도 자주 발생하는 일이지요. 이때도 마찬가지로 전철이 연착될 경우에 대비해서 어떻게든 출근 시간에 맞춰 도착할 수 있도록 충분히 여유를 두고 집을 나서야 합니다.

일본 도쿄의 경우는 어떤 전철의 노선이 자주 늦어지는지 연착 정보를 시각화해서 매년 발표하고 있습니다. 연착이 가장 많이 발생하는 노선은 주오·소무선 노선으로 한 달 동안 평일 20일 가운데 19일이나 지연된 적이 있다는 사실을 이 자료에서 알 수 있습니다.

이렇게 연착이 자주 발생하는 전철을 이용하고 있다면 언제 전철이 지연되더라도 회의에 늦지 않도록 서둘러서 일찌감치 현장에 도착해 있어야 합니다. 기다리면서 생기는 자투리 시간에는 미팅에 대비하며 자료나 책을 읽으면서 시간을 보내면 됩니다.

'내가 당하면 어떤 마음일까'

만약 아무래도 늦을 것 같을 때는 단 1분이 늦어지더라도 '늦을 거라는 사실을 인지한 시점'에 미리 상대에게 연락해야 합니다. '시간에 딱 맞출 수 있을지 아닐지 애매할 때'도 마찬가지입니다. 저는 전화나 SNS 메신저로 상대에게 연락합니다.

기본적으로 '내가 당하면 어떤 마음이 들까' 하는 관점에서 생각해 보면 알기 쉽습니다. 상대가 어떻게 해줬을 때 자신이 기쁜지를 헤아려 상대에게도 그렇게 해주는 것이 진정한 배려이지요.

미리 '20분 늦을 것 같아요' 하고 연락을 받으면 상대는 그 20분을 효율적으로 사용해 메일 업무를 몇 건 처리한다든지 보고서를 훑어볼 수 있습니다. 아무런 연락 없이, 언제 도착할지 모르는 채로 기다려야 한다면 다른 일을 집중해서 할 수 없겠지요. 연락 없는 지각은 상대의 인생에서 귀중한 시간을 빼앗는 일이라는 사실을 잊으면 안 됩니다.

평소의 태도는 관계의 고리를 단단하게 만든다

그런데 이런 이야기를 하면 꼭 "나는 상대가 약속에 늦어도 아무렇지도 않아. 그러니까 내가 지각할 때도 미리 연락

안 해"라고 말하는 사람이 있습니다. 비즈니스에서 이렇게 안이하고 흐리터분한 사고는 통하지 않습니다.

'일을 정확히 처리하고 있는가', '신뢰 있는 관계를 맺을 수 있도록 행동하는가' 하는 점이 중요합니다. 언제나 일을 명확히 처리하고 사람을 대할 때 신경 쓴다면, 설령 어쩌다 실수를 하더라도 질책당하지 않고 관계가 원만하게 유지될 것입니다.

저는 정기적으로 인터넷에 영상을 올리고 있는데, 그 녹화를 도쿄에서 하고 있습니다.

좀처럼 없는 일이기는 하지만, 한 번은 녹화일을 일주일 후로 착각한 적이 있었습니다. 녹화 당일에 제가 스튜디오에 나타나지 않으니 스태프가 전화로 연락을 해왔습니다.

스태프: 무슨 일 있으세요?

이노우에: 네?

스태프: 지금 스튜디오에서 기다리고 있는데요.

이노우에: 어떡하죠? 다음 주인 줄 알았어요. 죄송합니다.

스태프: 괜찮습니다. 빌린 스튜디오는 제가 해결할게요. 선생님께 무슨 일이 생겼나 하고 걱정했는데 다행입니다.

당일에 갑자기 일정이 취소되었는데도 스태프는 저를 질책하지 않았습니다. 오히려 "제가 다시 한번 확인 메일을 드렸어야 하는데, 죄송합니다" 하고 말해주는 게 아니겠습니까.

확실히 이 말에는 저에 대한 배려가 한없이 넘쳐났습니다. 왜 이렇게 대응해 주었을까요. 그것은 평소에 제가 시간 약속을 철저히 지키고 혹시라도 늦어질 경우에는 반드시 미리 연락하는 습관을 갖고 있었기 때문일 겁니다. 평소의 자세가 인간관계를 견고히 다져주었기에 의도치 않게 발생한 지각이나 착각으로 신뢰에 크게 금이 가지 않은 것이지요.

상대의 시간도
아낄 줄 아는 태도

지각도 그렇지만 '상대의 시간을 사용하는 일'에도 배려가 중요합니다.

시간은 한정되어 있습니다. 물건은 돈으로 살 수 있지만, 아무리 대부호라도 시간은 살 수 없지요. 그래서 저는 가치가 있는 일에 시간을 써야 한다고 생각합니다.

오후 3시부터 거래처에서 회의가 있다고 합시다. 회의에 함께 참석할 사내 동료나 상사와 먼저 만나서 같이 들어가야 하는데, 간혹 회의 시간 15분이나 20분 전에 만나자고 하는 사람이 있습니다. '여유를 가지고 일찍 만나자'는 의도일 테지요.

하지만 여유는 각자 알아서 조절하고 만나면 됩니다. 미리 만나서 협의할 사항이 있다면 몰라도, 그렇지 않으면 회의 시간 5분 전에 모여도 충분합니다.

비즈니스에서는 회의할 일이 많습니다. 회의를 한다는 것은 참석자들의 시간을 사용하는 일이지요.

'정말로 필요한 회의인지', '회의에 들이는 시간이 너무 길지 않은지'를 검토하는 것은 참석자들을 위한 태도입니다.

운동은 나를 위한
가장 좋은 배려

●
(
○

　다른 사람을 대할 때도 물론이지만, 자신을 위한 태도도 그에 못지않게 중요합니다. 자신을 위한 태도 중에서도 제가 가장 중요하게 여기는 것은 체력 단련입니다. 체력을 단련하는 일은 치과의사로서, 그리고 작가로서 최고가 되겠다는 저의 미션과 직결되기 때문이지요.

　몸을 단련하는 데는 다음 세 가지 이점이 있습니다.

　① 건강을 유지할 수 있다.
　② 건강 관리를 잘한다는 것은, 일에서도 전문가로서 자기 관

리를 잘한다는 인상을 주므로 상대에게 신뢰를 줄 수 있다.
③ 젊음과 강인함 등 겉모습에서도 좋은 인상을 줄 수 있다.

전 세계의 수많은 경영자와 임원들이 체력 단련을 습관으로
들이는 까닭이 바로 이러한 이점 때문입니다. 사람들을 이끌어
나가는 리더로서 성공을 거머쥐고 싶다면 신체 트레이닝은 필
수입니다.

저도 일주일에 세 번, 개인 트레이너에게 일대일 트레이닝을
받고 있습니다. 때로는 트레이닝 프로그램을 받아와 집에서 혼
자 하기도 합니다.
트레이너가 짜준 프로그램을 보면 솔직히 '이거 부담되는
데…' 하는 생각이 들기도 합니다. 이런 경우 '힘드니까 이번에
는 좀 가볍게 하고 다음에 트레이너와 다시 상의해 봐야지'라며
생각하는 사람이 많습니다.

하지만 저는 아무리 힘든 프로그램이라도 변경하지 않고 그
대로 합니다. 예를 들어, 바벨을 한 번 더 들어올리는 게 무리라
고 느껴지더라도 포기하지 않습니다. 반드시 들어올립니다. 이

것이 저를 위해 프로그램을 짜준 트레이너를 위한 태도라고 생각하기 때문입니다.

만약 운동을 가볍게 하고 싶다면 프로그램을 한 세트라도 해보고 나서, 다음에 트레이너를 만났을 때 '이번 프로그램은 상당히 부담이 컸다. 이대로 괜찮은 건지 줄여야 할지 상담하고 싶다'고 제안하면 됩니다.

프로그램을 변경하지 않고 그대로 훈련하는 이유는 두 가지입니다. 하나는 힘들다고 도중에 포기하는 것은 제게 '패배'를 의미하기 때문이고 또 하나는 '해야 할 일을 상의 없이 마음대로 바꾸지 않는다', '해야 할 일은 꼭 한다'는 습관을 중요하게 여기기 때문입니다.

특히 제게 트레이닝은 장기적인 미션과 직결된다는 의미가 있습니다. 미션을 달성하기 위해 마음먹고 트레이너와 함께 결정한 일을, 제 주관적인 사고를 앞세워 일방적으로 그만둘 수는 없는 노릇입니다.

또한 앞서 말했듯이 트레이너를 존중하기 위해 프로그램을 변경하지 않고 훈련을 합니다. 제가 계획을 달성해 성과를 올리면 그만큼 트레이너의 가치도 올라가고, 그는 최고의 트레이닝

올 제공하겠다는 마음으로 제 곁에 있어줍니다.

간혹 수면 부족으로 인해 몸 상태가 최상이 아닐 때는 트레이닝에 부담을 느끼기도 하지만, 상대(트레이너)의 기대에 부응해 그도 기분 좋게 일할 수 있게 된다면 서로 함께 성장해 나가는 관계로서 깊은 신뢰를 만들 수 있습니다.

이렇듯 서로를 생각하는 태도는 훌륭한 성과로 열매를 맺습니다.

2장

ATTITUDE

인간관계가
돈독해지는 태도

COMPETITIVE

지속적인 소통은
신뢰를 저축한다

한 번 인연을 맺은 사람들 가운데, 관계를 잃지 않고 이어가고 싶은 사람과 지속적으로 소통하면 인생에서 큰 도움을 받습니다.

소중한 사람과 인연을 이어나가고 싶다면 최소한 1년에 한 번 선물을 하세요. 명절이나 연말연시도 좋고 어딘가 여행을 다녀올 때 그곳의 특산물이나 기념품을 선물하는 것도 좋습니다. 꼭 비싼 선물이 아니어도 괜찮습니다. 대략 3만 원 이하의 선물이면 충분합니다. 그러면 10년을 계속한다고 하더라도 들인 비용은 총 30만 원 정도겠지요. 비싸다고 생각하는 사람도 있을 수 있지만, 반드시 30만 원 이상의 가치가 되어 자신에게 되돌아올 것입니다.

선물을 하는 사람은 상대를 생각하며 물건을 고릅니다. 받는 사람은 '이 사람이 나를 생각하며 골라서 보내줬구나' 하며 받습니다.

선물을 매개로 서로를 생각하며 관계가 이어지는 것이지요. 이것이 중요합니다.

최근 허례허식을 폐지하는 기업이 늘어나고 있습니다. 형식적인 예의와 필요 없는 관습을 없애는 것입니다. 구체적으로는 명절이나 연말연시, 연하장, 밸런타인데이에 선물을 주고받는 일이나 과한 경조사 참석을 자제하고 있습니다.

경비 삭감과 업무 효율화를 꾀하고 공평한 경쟁 원리의 기능을 실현하고자 하는 등 그 이유는 다양합니다.

그렇습니다. 마음이 담기지 않은, 형식적인 선물은 주고받을 필요가 없습니다. 의무적인 경조사 참석이라면 하지 않는 편이 좋을지도 모르겠습니다.

다만 마음이 담긴 선물이라면 이야기는 달라지지요. 예를 들어 업무 측면에서 계속 거래를 하고 싶은 회사라면 명절이나 연말 같은 때 마음을 담아 선물을 보내는 것이 좋습니다.

제 주변을 살펴보면, 무슨 일이 있을 때마다 작은 성의를 빠트리지 않는 사람은 확실히 일을 잘하는 사람이며 성과도 척척 올리고 있습니다.

스쳐지나갈 인연을
계속 이어가는 법

한 번 맺은 관계를 계속해서 이어가고 싶은 사람에게는 선물과 더불어 편지나 메일로, 적어도 1년에 한 번은 연락을 취하고 가능하면 실제로 만날 약속을 하세요.

"상의드리고 싶은 일이 있습니다. 오래 못 뵈었으니 한 번 찾아뵙고 말씀을 나눌 수 있으면 좋겠어요" 하고 연락을 하면 무난할 것입니다.

상의할 내용이라고 해서 꼭 심각한 일일 필요는 없습니다. 또는 상담을 청하지 않더라도 근처에 갈 일이 있으니 그 김에 들르고 싶다고 해도 좋겠지요.

중요한 것은 지속적으로 연락을 취하는 일입니다. 지속은 신뢰로 이어지니까요. 매년 정성스러운 선물을 보내거나 잊지 않고 연락한다는 사실 그 자체가 신뢰를 저축하는 일과 다름없습니다.

이렇게 서로 이어져 있으면 만약 무슨 일이 있을 때 부탁하기가 쉬워집니다. 제가 명절에 반드시 선물을 보내는 분들 중에 커뮤니케이션을 전공하는 대학교수가 있습니다. 마침 얼마 전에 어떤 단체로부터 커뮤니케이션을 주제로 한 강연 요청을 받았습니다. 그래서 그 교수에게 연락해 커뮤니케이션에 관한 최신 정보를 알려달라고 부탁했지요. 그러자 그는 흔쾌히 승낙하면서 스카이프(음성 무료 통화 인터넷 프로그램-옮긴이)로 2시간 정도 미팅을 하자고 제안했습니다. 그렇게 저는 최신 정보와 함께 관련 자료를 얻을 수 있었습니다.

감사하다는 인사를 전하자 오히려 제가 항상 마음을 써주고 있어 고맙다고 하시더군요.

선물을 보내는 일 자체는 계기에 불과합니다. 중요한 것은 평소에 상대에게 느끼는 감사함을 선물로 전하면서 마음이 이어진다는 사실입니다.

마음의 연결고리가 있었기에 돈으로도 살 수 없는 도움을 받은 것입니다.

명절, 연말연시, 밸런타인데이 등 날이면 날마다 챙기고 선물을 보내기는 힘들겠지만 가령 1년에 한 번만 상대를 생각해 선물을 한다면 크게 부담스럽지는 않을 것입니다. 중요한 사람에게는 반드시 선물을 챙겨보세요.

깊은 관계를 위한
'보고'와 '연락'

비즈니스에서는 '보고 · 연락 · 상담' 이 세 가지가 중요합니다. 보고 · 연락 · 상담은 업무를 원활하게 진행하는 데 꼭 필요한 커뮤니케이션이지만 단지 업무를 진행할 때뿐만 아니라 인간관계를 탄탄하게 구축하는 데도 중요한 역할을 합니다. 특히 보고와 연락은 타인과의 유대를 돈독하게 해주는 연결고리와도 같지요.

언뜻 생각하기에는 '상담'이 가장 관계를 깊게 해줄 것 같지만, 상담에 응하려면 시간과 노고가 들기 때문에 무의식중에 이를 부담스럽게 느끼는 사람도 있을 수 있습니다.

그래서 저는 상대에게 부담을 주지 않고 커뮤니케이션을 하는 방법으로 '보고'와 '연락'을 항상 중요하게 여기고 있습니다.

이 책을 쓰기까지 도움을 준 분들 중에 문화 콘텐츠 기업 '츠타야'의 N씨가 있습니다. N씨와 저는 12년을 이어온 사이로 지금까지 많은 도서를 함께 출간해왔습니다. 하지만 이 책을 쓰는 동안, N씨는 다른 부서로 이동 발령을 받아 팀에서 제외되고 말았습니다. 그렇다고 해도 제게는 N씨가 처음부터 이 책의 제작에 관여한 중요한 분으로, 지금까지도 팀의 일원으로 생각됩니다. 작가로 데뷔했을 때부터 함께였고 무명 저자였던 저를 변함없이 꾸준히 지지해 주었으니까요.

저는 N씨에게 일의 진행 상황을 보고할 겸 종종 이렇게 연락했습니다.

'요즘은 무척 덥네요. 잘 지내세요? 오늘 마지막 회의를 했습니다.'

'오늘 조판 나왔어요! N씨에게 빨리 보여드리고 싶을 정도로 근사합니다.'

'12월 출간으로 결정되었습니다. 함께 기획을 시작한 지 벌써 1년이 되었군요.'

그러자 N씨에게서 이런 답장이 왔습니다.
'덕분에 잘 지내고 있습니다. 취재하느라 고생 많으셨어요!'
'연락 주셔서 고맙습니다. 책이 나올 날을 기대하고 있어요!'
'벌써 1년이 지났나요? 또 함께 일하고 싶군요.'

조직에서 일하다 보면 전체 조직의 상황으로 인해 부서를 이동하는 일이 생깁니다. 그러면 예전에 하던 업무에 미련이 남기도 하고, 내가 하던 그 일이 지금쯤 어떻게 되어가고 있을까 궁금하기도 합니다. 많은 사람이 이런 경험을 해봤을 겁니다.

물론 N씨가 예전에 맡았던 그 업무에 미련이 있었는지 아닌지는 알 수 없습니다. 하지만 오랜 세월 알고 지내온 사이이기에, 그리고 갑자기 인사이동이 있었기에 N씨를 존중하는 의미로 진척 상황을 알려주었던 것이지요.
개중에는 업무 외의 연락이 오면 압박이나 부담을 느끼는 사람도 분명 있을 것입니다. 그래서 이런 연락과 보고에는 자세한 내용까지는 쓰지 않는 것이 좋습니다.

　어디까지나 '당신과 함께 하던 업무가 지금 이렇게 진행되고 있어요' 하고 대략적인 상황을 전하는 정도로 충분합니다. 그런 다음에 메일이나 문자에 대한 반응이나 답변은 상대가 알아서 하도록 맡긴다는 정도의 마음이면 됩니다.

　이런 보고와 연락은 업무적으로 생산성 없는 일일지도 모릅니다. 그러나 상대에게 '당신을 중요하게 생각하고 있습니다'라는 마음은 확실히 전달됩니다. 이렇게 해서 사람과 사람 사이의 유대 관계가 깊어지면 결과적으로 일에서도 좋은 기회나 인연으로 이어지기도 합니다.

하나를 설명하고
열을 기대하지 말 것

생일이나 개업일을 맞이하면 꽃을 보내는 사람이 많습니다. 그럴 때는 사전에 연락 없이 꽃이 배송됩니다. 꽃 자체도 기쁘지만 제 소중한 날을 기억해 준 데 대해 고마운 마음이 듭니다. 주변을 돌아보면 기념일에 꽃을 보내는 습관이 있는 사람들 가운데는 인망이 두터운 사람이 많습니다.

남녀를 불문하고 받는 사람이 좋아하는 선물은 단연코 꽃입니다. 상대가 무엇을 좋아하고 싫어하는지 기호를 알고 있다면 몰라도, 무엇을 보내야 좋을지 모를 때는 꽃을 보내는 것이 좋습니다.

꽃이라고 해도 최고급부터 다소 저렴한 종류까지 다양하게 있습니다. 예쁜 모양으로 꽃다발을 만들 수도 있고, 호접란 같은 호화로운 화분도 있으며 더욱 고급스러운 선물을 찾는다면 호접란에 크리스털을 장식한 것까지 아주 다양하지요. 자신의 예산에 맞춰 선물을 고르면 됩니다.

조금 더 정성을 들이고 싶다면 색깔에 신경을 써서 보내는 방법도 좋습니다. 가령 상대 회사의 창립기념일에는 그 기업의 코퍼레이트 컬러로 꾸민 꽃다발을 보내면 무척 기뻐할 것입니다. 저는 꽃뿐만 아니라 뭐든지 선물을 보낼 때는 주문하는 회사나 매장에 다음 다섯 가지 사항을 상세하게 전달합니다.

선물할 때 발주처에 전달해야 할 5가지 사항

○ 배송 희망 일시(기본적으로는 기념일 당일)

○ 보내는 이와 받는 이의 이름, 주소, 연락처

○ 무엇을 위한 선물인가(생일, 창업, 완공 축하 등)

○ 리본 등 장식, 편지나 카드의 첨부 여부

○ 포장지 유무

주문 매장에는 상세하게
요청 사항을 전달하라

예전에 이런 일이 있었습니다. 출장지에서 항상 이용하는 꽃집에 전화를 걸어 지인의 가게로 꽃을 배송해 달라고 부탁했습니다. 꽃집에서는 알아서 척척 접수하고 꽃을 상대에게 보내주었는데, 누가 보낸 것인지를 기재하지 않고서 "꽃 배달왔습니다"라고만 말하고 꽃을 놓고 갔다는 것입니다. 그 지인은 누가 보낸 꽃인지 몰라서 당황했고 제게 연락해 "이노우에 선생님, 혹시 꽃을 보내셨나요?" 하고 물었습니다.

저는 "개점 축하로 꽃을 보냈어요. 보낸 사람을 적지 않고 보내서 죄송합니다" 하고 대답했습니다. 하지만 사실은 기뻐하며 연락해 올 거라고 기대하고 있었기에 맥이 쭉 빠지더군요.

받은 사람도 누가 보낸 선물인지 바로 알지 못하면 순간 불안한 생각이 들지도 모릅니다. 항상 주문하는 꽃집이었기 때문에 별 생각 없이 완전히 믿고서 설명을 소홀히 하고 말았던 겁니다.

의사소통을 할 때 '하나를 설명하면 열이 전달되는 일'은 결코 없습니다. 내가 당연하다고 생각하는 것이 상대에게는 당연하지 않은 경우가 얼마든지 있기 때문이지요. 그래서 상대가 잘 알 수 있도록 상세하게 전달하는 것도 배려입니다.

이 경험을 하면서 어떤 일이든지 그 과정을 자세하게 전달해야 한다고 새삼 뼈저리게 느꼈습니다. 저는 일을 할 때 언제나 과정을 중요하게 여깁니다. 특히나 치과 수술을 할 때는 성공밖에 허용되지 않으므로 처음부터 끝까지 과정이 명확해야 하기 때문입니다.

목표에 빨리 도달하고 싶은 마음에 해도 방심해서 공정을 생략하거나 대충 해서는 안 됩니다. 그러면 빨리 도달할 수 있을지는 몰라도 품질과 완성도가 떨어져 원하는 결과를 얻을 수 없으니까요. 선물도 마찬가지여서, 세세한 요청 사항을 전달하는 것이 얼마나 중요한지 새삼 알게 되었던 것입니다.

—

의사소통을 할 때
'하나를 설명하면 열이 전달되는 일'은
결코 없습니다.

그래서 상대가 잘 알 수 있도록
상세하게 전달하는 것도 배려입니다.

—

비즈니스 관계에서
가장 적절한 선물

　상사나 부하 직원, 거래처 등 비즈니스 관계에서 하기 좋은 부담 없는 선물을 추천하고 싶습니다. 비즈니스 상대를 기쁘게 하기 위해 선물을 고를 때 제가 중요하게 여기는 핵심 7가지를 소개합니다.

　① 가격이 비싸지 않을 것
　② 스토리가 있을 것
　③ 상대의 상황에 알맞을 것
　④ 지역 특산물

⑤ 너무 크지 않을 것

⑥ 손에 묻지 않을 것

⑦ 간편한 선물도 좋음

① 가격이 비싸지 않을 것

값비싼 선물을 보내면 상대가 부담스러울 수 있습니다. '답례로 무엇을 보내야 하지?' 하고 고민할지도 모릅니다. 또한 업무 관계로 알게 된 사람이 느닷없이 몇십만 원이나 하는 고가품을 준다면 '뭔가 속셈이 있는 게 아닐까?' 하고 괜히 의심할 가능성도 있습니다. 한 조사 결과에 따르면 만날 때 들고 가는 선물의 금액은 대략 2만 원에서 3만 원 정도가 좋다고 합니다.

무조건 이 금액에 맞춰야 하는 것은 아니지만 기준 금액으로 알아두면 좋겠습니다.

② 스토리가 있을 것

얼마 전에 유명한 과자 전문점 '아자부 가린토'의 과자를 선물로 받았습니다. 가린토는 일본의 전통적이고 흔한 과자지만 "아자부주반(도쿄 시내의 고급 주택가-옮긴이)에서 무척 유명한 가린토예요" 하는 말과 함께 과자를 받으니 '어떤 맛일까?' 하고 흥미가 생기며 묘하게 기쁘더군요.

또한 "요전번에 먹어봤는데 너무 맛있어서 꼭 ○○씨도 드셔 보셨으면 해서요" 하는 말을 들으면 그냥 "맛있게 드세요" 하는 말보다 훨씬 더 기쁘기 마련입니다.

이렇게 선물에 작은 스토리를 덧붙이면 받는 사람의 인상에 더 강하게 남고 특별한 느낌이 듭니다. 급해서 아쉬운 대로 '뭐든 좋으니 일단 사자' 하고 살 게 아니라 선물을 고를 때는 반드시 그 선물을 고른 이유를 떠올릴 수 있는 상품을 구매하세요.

③ 상대의 상황에 알맞을 것

제가 근육 트레이닝과 체력 훈련을 하고 있다는 것을 알고 있는 지인이 어느 날 모둠 견과류를 보내왔습니다. 견과류는 피로를 줄여주고 근육량을 증가시키는 효과가 있어 운동하는 사람에게 좋은 식품으로 주목받고 있습니다.

지인이 제게 관심을 갖고 마침 딱 알맞은 선물을 골라주었다고 생각하니 감동이었지요. 사람은 각양각색이기 때문에 개인마다 어울리는 선물이 다릅니다. 그래서 자신에게 어울리거나 필요한 선물을 받으면 기쁨도 더욱 커지기 마련입니다.

만약 상대가 당분 제한 다이어트 중이라는 사실을 알고 있다면 "굉장히 맛있는 초콜릿이니 드셔보세요" 하고 고급 초콜릿을 보내지는 않을 테니까요. 다이어트로 인한 스트레스를 달래줄 수 있는 허브티처럼, 받을 사람의 상황을 잘 살펴서 고른 선물이라면 틀림없이 기뻐할 것입니다. 상대의 기호와 상황에 맞는 선물은 상대에게 관심을 갖고 있다는 증거가 됩니다.

④ 지역 특산물

출장 가서 만나기로 약속한 거래처에 건넬 선물이라면 자신이 사는 지역에서만 살 수 있는 선물을 추천하고 싶습니다. 예를 들어 그 지역에서만 살 수 있는 유명한 과자가 있습니다.

⑤ 너무 크지 않을 것

선물을 줬을 때 받은 사람이 자신의 회사나 집에 들고 가야 할 물건이라면 거추장스럽지 않고 가방에 들어갈 만한 크기가 좋습니다.

⑥ 손에 묻지 않을 것

비즈니스 상대에게 받은 과자는 대개 사내에서 직원들과 함께 나눠 먹습니다. 이때 가능하면 나눠주기 쉽고 손에 묻지 않도록 개별 포장이 되어 있는 것이 좋습니다.

⑦ 간편한 선물도 좋음

저는 도쿄와 홋카이도의 오비히로, 두 군데를 거점으로 일을 하고 있어 일주일의 절반가량은 도쿄에서 지냅니다. 이 생활을 10년 가까이 지속하고 있어서 도쿄에 올 때마다 격식 차린 선물을 살 수는 없습니다.

그래서 매번 홋카이도에서만 파는 밀크캔디를 사와서 도쿄에서 만나는 사람들에게 선물하곤 합니다. '홋카이도 한정'이라는 가치가 있는 데다 가볍게 건네줄 수 있어서 편하고 받는 사람도 부담 없이 받을 수 있습니다. 출장이 많은 사람이라면 그 지역에서만 살 수 있는 간단하고 부담 없는 선물을 준비하기를 권합니다.

배려는 돈보다
마음에서 나온다

●
(
○

회사 동료와의 식사나 술자리에서는 특히 배려가 빛을 발합니다. 이를테면, 식사나 술자리가 끝난 뒤에 동료에게 "입 안이 개운해지는 사탕인데요. 괜찮으시면 입가심으로 드셔 보세요" 하고 몇 알을 자연스럽게 손에 놓아주세요.

예상치 못한 선물을 받은 동료는 그 소소한 배려가 기쁠 것입니다. 이때 부담되지 않도록 가볍게 건네는 것이 중요합니다. 그러면 상대도 기분 좋게 받을 겁니다.

배려는 돈보다 마음과 애정에서 나옵니다.

회식 후에 사탕을 건네는 일은 별것 아닌 소소한 행동이지만, 평소에 이렇듯 작은 일에서 배려하는 습관을 계속하다 보면 당신에 대한 평가는 확실히 높아질 수밖에 없습니다.

택시가 떠날 때까지 배웅하기

더 잘하고 싶은 마음이 있다면, 직장 동료나 상사가 집으로 돌아갈 때 이렇게 해두면 좋습니다.

"택시 타실 건가요? 전철로 가시나요? 택시로 가실 거면 제가 잡아드릴게요."

택시가 오면 운전기사에게는 한마디 일러두세요.

"기사님, 안전하게 잘 부탁드립니다."

상대가 택시에 올라타면 택시가 출발할 때까지 지켜보며 배웅하세요. 사소한 행동이지만 상대가 부담스러워하지 않도록 분위기를 읽어야 합니다. 그렇게 배려하면 상대도 기뻐하며 당신을 더 믿을 것입니다.

소개를 받으면 바로
만나러 가라

비즈니스에서는 사람과 사람의 유대 관계가 중요합니다. 영업 활동을 할 때 누군가의 소개가 있는 것과 없는 것은 굉장히 큰 차이가 있습니다. 소개를 받으면 당연히 약속을 잡기 쉬워지겠지요.

거래처 담당자에게 신뢰를 받아 업무에 관련된 사람을 소개받으려면 어떻게 해야 할까요? 누군가를 소개해 주고 싶다는 생각이 들도록 해야 합니다. 그렇게 하기 위해서 평소 태도가 중요한 것이고요.

제가 자주 이용하는 양복점에 Y씨라는 점원이 있습니다. 그 점원은 일도 잘하지만 평소에도 섬세한 배려가 있는 분이라 그에게 호감을 느꼈습니다.

어느 날, Y씨가 "대기업 어패럴 B사에 무작정 찾아가서 방문 영업을 해보려고 합니다" 하면서 상의해 왔습니다. 저는 마침 B사 사장과 잘 아는 사이였기에 Y씨에게 "사장님에게 말해둘게요" 하고는 바로 사장 앞으로 메일을 보내 'Y씨를 만나 이야기를 들어달라'고 부탁했습니다. Y씨는 단번에 B사 사장을 만나 이야기할 수 있는 기회가 생겼고 그 후 실제로 만날 약속도 잡았다고 합니다.

만약 아무 약속도 없이 무작정 찾아갔다면 그만큼 짧은 시간에 회사 대표와 약속을 잡기는 어려웠을지도 모릅니다. 평소에 Y씨가 저에게 세심하게 배려를 해주었기 때문에 저도 고객을 소개해 주고 싶다는 마음이 일었던 것입니다.

소개를 받은 후 그 일의
진행 상황 알리기

만약 고객을 소개받았을 때는 성심성의껏 대응해서 진행하는 것이 중요합니다. 우선은 책임감 있게 대응하겠노라고 마음의 다짐을 보여주세요.

"이번에 소중한 친구분을 소개해 주셔서 감사합니다. 마지막까지 책임을 다해 진행하겠습니다. 혹시라도 친구분이 만족스럽지 못하다고 하시면, 제게 말씀해 주세요. 부족한 점이나 신경 쓰이는 부분은 전부 개선하겠습니다."

사람을 소개받으면 바로 행동으로 옮기고 소개해 준 사람에게 이렇게 연락합니다. 또한 소개받은 고객과의 업무 진행 상황을 알려주는 겁니다.

'소개해 주신 ○○씨와 ○월 ×일에 만났습니다.'
'이렇게 말씀 드렸습니다.'

소개한 사람은 일이 어떻게 진행되고 있는지 궁금할 테니, 진행 과정이나 결과를 자세히 알려주면 안심할 것입니다.
성의를 다해서 일을 처리하여 '확실하게 하는 사람'이라는 인상을 심어준다면 다음에 또 소개받을 기회가 늘어날지도 모릅니다.

식사 자리에서는
밥보다 눈치가 먼저다

직장인들은 거래처와 식사를 하거나 사내에서 회식할 기회가 많을 것입니다. 하지만 어떤 자리에서든 비즈니스 상대에게 예의를 지켜야 합니다. 만일 상대가 직위나 입장에 관계없이 편히 마시자고 하더라도 반드시 예의는 지켜야 합니다.

업무 시간 이후에 마련된 술자리라도 '비즈니스 관계'라는 테두리 안에서 마셔야 하는 것이죠. 과음하면 사람의 인격이 나오기 마련입니다. 어디서든 보는 눈이 있기 때문에 술에 취해 흐트러지면 단정치 못하다는 인상을 주게 됩니다.

만약 술을 더 마시고 싶다면 회사와 상관없는 곳에서 마시는 것이 좋겠지요. 비즈니스에 관련된 술자리에서는 취하지 않을 정도로 마셔야 한다는 사실을 꼭 기억하세요. 그것이 비즈니스 회식에서의 태도입니다.

업무 미팅 때는
목적을 잊지 말 것

거래 관계가 있는 기업에서 교수들과 저를 포함한 몇 명의 의사를 초대해 접대한 적이 있습니다. 이 접대 자리의 목적은 기업이 의사들과 인맥을 만들거나 그 인맥을 강하게 하려는 데 있습니다.

기업 쪽 사람들은 교수 및 의사들과 이야기를 나누려는 것이 본래 목적이지만 술을 마시다가 이야기가 다른 길로 새기도 합니다. 그러나 반드시 원래 만나기로 한 목적을 잊지 않아야 합니다.

치과 업계뿐만이 아니라 어떤 업종이든 마찬가지입니다. 접대를 받았을 때는 접대의 목적이 무엇인지를 의식해 그에 알맞게 행동해야 합니다.

경영자와의 식사 자리에서
잊기 쉬운 것

회사 경영자가 자사 사원과 함께 식사하러 가는 기회가 있을 것입니다. 식비는 경영자인 사장의 개인 자금으로 하거나 때로는 회사의 경비로 처리하는 경우도 있습니다.

이럴 때 사장이 "뭐든지 좋은 걸로 시켜"라고 말할지도 모릅니다. 그래서 생선초밥 가게라면 먼저 참치대뱃살이나 성게를, 고깃집이라면 최고급 갈비를 주문하고 마실 것도 비싼 와인을 병째로 시켜도 괜찮다고 생각할지도 모릅니다. 하지만 사회인으로서 선은 지켜야 합니다. 만약 사장이 뭐든지 괜찮으니 먹고 싶은 걸로 주문하라고 하더라도 말이지요.

저는 젊었을 때나 지금이나 이런 자리에서는 주로 세트 메뉴를 주문합니다. 초밥 세트라든지, 1인 정식 같은 메뉴를 선택하는 것이죠. 그렇게 해야 제 자신도 부담스럽지 않게 식사를 할 수 있습니다.

'내가 먹고 싶은 고급 음식은 내 돈으로 사 먹는다, 내가 하고 싶은 일은 스스로 할 수 있도록 한다.' 이러한 기준을 자신과의 규칙으로 정해놓는 것은 어떨까요?

　만약 회사에서 경영자와 함께 회식을 할 때, 준비를 맡은 직원이 아예 처음부터 코스 메뉴로 정하면, 먹는 사람도 돈을 내는 사람도 불필요한 신경을 쓰지 않아도 됩니다. 처음부터 음식이 1인분씩 나뉘어 나오는 코스 요리라면 누구라도 마음 편히 이야기에만 집중할 수 있을 것입니다.

겸손하게
내 의견을 드러내는 법

저는 강좌를 열든 책을 쓰든 팀을 꾸려서 합니다. 저 혼자 하기에는 한계가 있기 때문이지요. 동영상을 만드는 프로, 도서 편집의 프로, 고객 모집의 프로 등 프로젝트마다 각 분야의 전문가를 모아서 함께 일을 하고 있는데, 그중에는 몇 년이나 도와주고 있는 스태프도 있고 그때 한 번만 함께 일하는 사람도 있습니다.

몇 년째 계속해서 협력해 주고 있는 스태프 가운데 M씨가 있습니다. 제가 아는 한, 지적인 기획을 할 때 M씨를 능가할 사람은 없을 것입니다. 머리도 상당히 좋고 SNS 관련 능력이 탁월하며 강좌 자료를 작성할 때도 많은 도움을 받고 있습니다.

다만 때때로 그 뛰어난 자질이 팀을 흐트러뜨릴 때가 있습니다. 팀에서 사전 회의를 할 때 '그런 기획이라면 자신이 참가하는 의미가 없다'고 거침없는 발언을 내뱉기도 하고 열정을 너무 많이 쏟다 보니 가끔은 화를 내기도 합니다. 그러면 단박에 팀의 분위기가 험악해지곤 합니다. 확실히 M씨는 우수합니다. 자부심도 대단할 것입니다. 하지만 팀 분위기를 흐트러뜨리지 않고 의견을 전하는 방법도 얼마든지 있습니다. 훌륭한 능력이 있는데 안타까운 일이지요.

물론 자신이 유일무이한 존재라면 이야기는 달라집니다. 자기 나라에서, 혹은 세계에서 자신밖에 할 수 없는 능력이 있다면 의견을 관철하는 것도 좋을지 모릅니다. 세상에서 자신만이 갖고 있는 기술과 능력이 있다면 주위에서는 그 사람의 의견에 귀 기울일 것입니다. 다소 거만하게 굴더라도 일을 의뢰하려고 줄을 설 가능성이 높습니다.

하지만 대부분은 그렇지 않습니다. 팀 구성원들의 협력 덕분에 자신이 있고, 자신이 있기에 팀이 움직이는 상호 관계인 것이지요. 그런 구조인데도 자신의 의견만 주장하고 전체의 조화를 깨뜨린다면 팀의 목표 달성은 점점 멀어질 뿐입니다.

지금 일을 하고 있는 것은 무엇보다 일을 맡겨준 사람이 있기 때문이며, 그 사람 혹은 회사가 우연히 자신을 알게 되고 자신의 능력에 가치가 있다고 인정해 주었기에 이뤄진 거지요.

항상 상대가 '일을 의뢰해 주었다'는 사실을 기억해야 합니다. 이는 일을 해나가는 데 있어 결코 잊어서는 안 되는 마음가짐입니다.

저도 마찬가지입니다. 출판사에서 책을 내는 일에 관해 말하자면, 굳이 제가 아니어도 상관없습니다. 저자가 되고 싶어 하는 사람은 많으니까요. 제가 아니어도 다른 신인 작가를 발굴하는 데 시간을 투자하는 방법도 있을 것입니다. 그런데도 제게 제안을 해주었으니 감사한 일이지요. 그래서 저는 '일을 받았다'는 사실을 항상 잊지 않고 있습니다. 또한 그렇기에 여러 출판사 편집자들이 일을 의뢰해 주는 것이라고 생각합니다.

한 번 인정한 후에
자신의 의견을 말하기

　일거리를 받는 입장이라고 해서 자신의 의견을 말하면 안 되는 건 아닙니다. 다만 상대에게 의견을 말할 때는 어떻게 말해야 하는지까지도 신경을 쓰는 것이 좋겠지요.
　의견을 말할 때는 다음과 같은 단계를 밟으면 좋습니다.

　"그것도 좋은 생각이네요" 하고 말한 뒤에 "이런 기획으로 하면 조금 더 나아지지 않을까요?" 하고 자신의 의견을 전합니다.

　상대의 입장을 헤아려서 우선 그의 의견을 받아들이세요. 상대의 의견을 존중해 주고 나서 자신의 의견을 밝히는 겁니다. 업무 관계에서 자신의 의견을 말할 때 배려하는 방법입니다.

　어떤 일이든 혼자서는 할 수 없습니다.
　그 일에 관련된 사람들 모두가 각자 역할을 맡아 하기에 성공할 수 있는 것입니다. 혼자 고집을 부리면 분위기를 해칠 뿐만 아니라 잘될 일도 되지 않습니다. 일의 성과는 팀 전체가 잘

돌아갈 때 이루어지니 항상 '팀이 기뻐할 선택'을 할 수 있도록 명심하세요.

출판사에서 기업출판 영업을 하고 있는 남성에게 상담을 받은 적이 있었습니다. 일반적인 서적을 출판하는 상업출판의 경우에는 출판사가 책 만드는 비용을 부담합니다. 이에 비해, 일본의 경우 기업출판은 저자가 출판에 드는 비용을 부담해서 책을 출간합니다.

이런 기업출판 영업을 하고 있는 한 남성이 있었습니다. 그는 목록을 만들어 기업 경영자들에게 매일 100통 정도 전화를 걸어 "책을 만들지 않겠습니까?" 하고 영업 활동을 합니다. 어떻게든 약속을 잡고 직접 만나서 기업출판 계약까지 성사시키는 것이 주 업무이지요. 하지만 만날 약속을 잡기란 좀처럼 쉽지 않은 일이고, 어찌어찌 약속을 하더라도 계약까지 이르는 경우는 단 몇 퍼센트밖에 되지 않는다고 합니다.

그때 그 영업 사원이 제게 "선생님, 어떻게 하면 좋을까요?" 하고 상담을 요청해왔습니다. 이러한 영업에서도 핵심은, 상대가 기뻐하도록 하는 것이어서 저는 다음의 5가지 사항을 조언해 주었습니다.

① '특별한 사람'이라고 말한다.

② 동일 업종 또는 유사 업종에서 기업출판을 한 사람의 성공 사례를 제시한다.

③ 불안을 없애준다.

④ 업계에서 자사에 대한 평가가 어떤지 어필한다.

⑤ 전화로 예약을 잡기보다는 아는 사람에게 소개를 받는다.

① '특별한 사람'이라고 말한다.

사람은 누구나 "당신은 특별하다"라는 말을 들으면 기쁘기 마련입니다. 그러므로 영업 전화를 걸 때 '아무에게나 전화를 거는 것이 아니다'라는 사실을 어필하는 것이 좋습니다. 기업출판을 하는 출판사라면 "책은 고객을 끌어모으는 힘이 강해서 책을 내고 싶어 하는 사람이 많습니다. 저희 회사에는 양서를 출판하겠다는 사명이 있습니다. 그렇기에 사내에서 일정한 심사 기준이 있어 그 기준에 충족되는 분들에게만 전화를 드리고 있습니다"라고 말하는 겁니다. 그러면 상대는 자신이 사회적으로 선발될 만한 가치가 있는 인물이고 사회적 지위가 있다고 느껴져 인정 욕구를 충족할 수 있습니다.

② 동일 업종 또는 유사 업종에서 기업출판을 한 사람의 성공 사례를 제시한다.

사람은 무언가를 결정하거나 행동할 때 타인의 행동을 참고로 하거나 따라 하는 경향이 있습니다. 이러한 현상을 심리학에서는 '사회적 증명'이라고 합니다. 쉽게 말해서 사람은 사회적으로 '좋다'고 증명된 것에 마음이 움직인다는 이론입니다. 수많은 사람이 SNS에 '맛있다'고 올린 맛집에 차례를 기다리는 사람들의 행렬이 길게 이어지는 까닭이 바로 여기에 있는 것이지요.

같은 업종, 또는 유사 업종에서 기업출판을 통해 기회를 잡은 사례가 있다면 소개하면서 그 책을 증정한다면 기업출판의 가치를 이해시킬 가능성이 커집니다. 만약 지기 싫어하는 성격이라면 '이 사람이 책을 냈다면 나도 내겠어' 하고 적극적으로 검토할지도 모릅니다.

③ 불안을 없애준다.

어떤 상품이든 사용 방법을 모르거나 의문 사항이 있기 마련입니다. 불안하게 생각되는 점은 없는지, 먼저 물어보거나 상대가 질문하기 전에 설명해 주세요.

다짜고짜 "책을 내지 않으시겠어요?" 하는 말을 들으면 대부분 사람은 '글쓰기에 소질이 없어서요', '제가 어떻게 책을 써요? 작가도 아닌데' 하는 생각을 먼저 하게 됩니다.

하지만 출판사 직원에게 물어보니, 유명인의 책을 만들 때는 종종 전문 작가가 인터뷰를 하고 그 내용을 작가가 정리하는 경우가 있다고 합니다. 이러한 사실을 일찍 상대에게 전해주면 불안을 없앨 수 있습니다. 상대의 불안을 없애주는 일은 영업할 때 매우 중요한 배려입니다.

④ 업계에서 자사에 대한 평가가 어떤지 어필한다.

물건이나 서비스를 판매하는 것은 자사의 가치도 함께 파는 일입니다. 도요타 자동차를 판매한다고 하면 도요타라는 브랜드도 함께 파는 것이지요. 가격에는 '도요타가 만들었다'는 가치도 반영되어 있습니다.

가치가 있다고 생각하기에 사람은 그 물건에 알맞은 돈을 지불합니다. 그러므로 영업에서는 자신의 회사가 업계에서 어떤 가치를 제공하고 있는지 고객에게 알려주는 것이 중요합니다.

기업출판을 하는 출판사라면 '출판사는 많이 있지만 저희 회사에서는 지금까지 ○○씨와 ○○씨와 같은 저자들이 가치 있는 책을 내고 있습니다' 하는 식으로 구체적인 사례를 들어 소개하는 방법이 효과적입니다. 자사의 가치를 분명하게 소개하면 '그런 출판사라면 나도 책을 내보고 싶다' 하는 생각이 저절로 들 테니까요.

⑤ 전화로 예약을 잡기보다는 아는 사람에게 소개를 받는다.

전화 마케팅의 주 업무는 전화를 걸어 약속을 잡는 것이지만 일의 근본적 목표는 계약을 따면 되는 것이므로 지금까지 그 상품을 산 적이 있는 사람에게 소개받는 것이 가장 좋습니다.

기업출판으로 이미 책을 낸 치과의사가 있을 경우 그에게 "다른 선생님을 소개해 주시겠어요?" 하고 부탁하면 일이 수월합니다.

'○○선생님의 소개라면 믿을 수 있으니 일단 만나기라도 해볼까' 하고 긍정적으로 생각할 확률이 높습니다. 다만 소개를 받으려면 그 사람의 마음에 들어야 하는 것이 전제 조건이지요. 마음에 드는 영업 사원의 부탁이라면 "좋아요. 소개해드릴게요" 하는 대답이 돌아올 것입니다. 마음에 들려면 평소에 쌓아둔 좋은 태도로 신뢰를 받는 것이 좋습니다.

어떻게 하면 신뢰를 얻을 수 있을지는 다음 글에서 소개하겠습니다.

이 5가지는 영업에 관해 조언한 예시지만 영업뿐만 아니라 어떤 일에서든지 상대의 승인을 받을 핵심 요령이 응축되어 있습니다. 반드시 이 이야기를 참고로 자신의 일에 응용해 보세요.

———

상대의 입장을 헤아려서
우선 그의 의견을 받아들이세요.

상대의 의견을 존중해 주고 나서
자신의 의견을 밝히는 겁니다.

———

영업은 영업의 프로에게,
태도는 태도의 프로에게

저는 가끔 영업 전화나 광고 우편물을 받습니다. 환자 진료나 업무 중이 아닐 때 시간이 있으면 일부러 영업으로 걸려오는 전화에 대응하곤 합니다.

"이노우에입니다. 무슨 일이십니까?" 하고 묻고 자세한 이야기를 듣습니다.

이렇게 하는 까닭은 영업 방법을 배우기 위해서입니다. 아무리 책을 읽어도 실제로 익힐 수 있는 영업 지식에는 한계가 있기 때문이지요. 이에 비해 '실제로 영업을 하는 사람에게 영업을 당하는 경험'을 통해서 배울 것이 많습니다. 한마디로 배움의 장이라고 할 수 있지요.

자기계발 프로그램의 세미나도 무료나 저렴한 참가비로 모객할 때가 있습니다. 프로그램 교재를 갖고 있더라도 읽기만 하기보다는 직접 가보면 배울 것이 많을 겁니다. 이때도 멍하니 듣지 말고 영업 방법을 배우겠다는 자세로 진지하게 들어야 합니다.

어떤 단어를 사용하고 있는가.
어떤 말로 마음을 움직이는가.
어떻게 계약을 마무리 짓는가.

이렇게 귀 기울여 습득하면 실제로 영업 기술이 점점 향상될 것입니다. 영업으로 권유받은 물건은 결국 사지 않는 경우가 대부분이므로 거절하는 요령도 능숙해집니다. 이것도 배움입니다.

평소의 태도도 마찬가지입니다.
좋은 태도를 갖추고 배우려면 배려를 받는 입장이 되어보는 것도 좋은 방법이지요. 이를테면, 비행기에 탔을 때 승무원의 대응, 최상급 호텔에서 일하는 사람들이 말과 행동으로 실천하는 배려. 어디에서나 배움의 기회는 넘쳐납니다.

일류가 되고 싶다면
일류에게 배워라

저는 인생을 살면서 꼭 지키려고 노력하는 일이 있습니다. 그것은 '일류'가 되는 것입니다. 대학생이었을 때부터 '일류 치과의사'가 될 것을 목표로 삼아왔습니다.

그렇다면 '일류'는 무엇일까요? 저는 일류를 다음과 같이 정의하고 있습니다.

- 일, 건강, 인성 면에서 훌륭할 것
- 미래에 활용 가능한 지속적인 가치를 창출할 것

물론 태도에서도 일류를 추구하고 있습니다.

일류가 되기 위해 명심할 것은 자신보다 좋은 결과를 내는 사람에게 배우는 일입니다. '이 사람처럼 되고 싶다', '이 사람은 존경할 수 있다' 하고 본보기가 되는 사람을 찾아 가치관을 배우고 따라 하는 것이죠.

만약 그런 존재가 가까이에 없다면 존경하는 롤 모델이나 지식인의 책을 읽는다든지 강연을 들으면서 그의 품격을 배울 수 있습니다.

대접하는 장소는
내가 편한 곳에서

지금 저는 근육 트레이닝 외에도, '로드 에프씨ROAD FC(한국을 기반으로 하는 종합격투기 단체-옮긴이)' 미들급 초대 챔피언인 이종 격투기 선수 오야마 슌고 씨에게 복싱 개인 레슨을 받고 있습니다. 복싱에서는 상대와의 거리가 중요합니다.

처음에는 어느 정도 거리를 둬야 합니다. 그리고 마음을 가다듬고 상황을 살핍니다. 심판이 "시작!" 하고 외치면 더 참지 못하고 거리를 좁혀 달려들며 펀치를 날리지요. 자신을 지키는 태세를 유지하면서 상대의 영역으로 들어가는 것입니다.

상대의 영역으로 처음부터 한 발 들어서면 얻어맞게 됩니다.

인간관계가 돈독해지는 태도

주위에서 뭐라고 말하든 상대의 영역에 들어서지 말고 참으면서 자신의 영역으로 상대를 끌어들이는 쪽이 승리합니다. 자신에게 가장 유리한 위치로 상대가 들어오면 승리할 가능성이 커지는 법입니다.

비즈니스도 마찬가지입니다. 상대의 영역으로 들어가면 아무래도 불리해지기 쉽습니다. 반대로 자신의 영역이라면 성과도 더 잘 올릴 수 있고 상대를 수월하게 대하면서 비즈니스를 진행할 수 있습니다.

예를 들어, 새로 거래할 고객을 자사로 초대해 회의를 한다면 회사의 효율화된 공장을 보여줄 수도 있고 상사를 소개하기도 쉽습니다.

접대도 똑같습니다. 중요한 사람과 식사나 술자리를 할 경우, 자신의 단골 가게를 정해놓고 그곳으로 안내하면 더욱 편하고 훌륭하게 대접할 수 있습니다.

단골 가게의 음식 솜씨가 호평을 받고 있는 곳이라면 상대를 감동시킬 수 있겠지요. 고급 음식점이 아닌 경우는 다른 곳에서 먹을 수 없는 특별한 요리를 내온다거나 섬세한 배려로 대응해

주는 가게를 선택하면 좋습니다.

단골 가게라면 자신이 배려하고 싶은 대로 마음껏 대접할 수 있습니다. 이를테면, 특별한 접시를 준비해 달라고 부탁해 상대가 좋아하는 음료를 준비한다거나 다양한 서프라이즈도 준비할 수 있겠지요.

계산은 '제가 지불하겠다'고 미리 가게 주인에게 전해놓으면 설사 상대가 계산하려고 하더라도 점원이 "이미 계산하셨습니다" 하고 말해줄 수 있습니다.

계산이 원활히 끝나면 좋은 분위기를 유지하면서 자연스럽게 귀갓길 택시를 불러주면 됩니다.

이렇듯 자신의 영역이라면 더욱 세심한 부분까지 자상하게 배려할 수 있어서 상대가 무척 고마워하게 됩니다.

비즈니스 세계에는 유명한 '상호성의 원칙'이 있습니다. 자신이 상대에게 받은 행위에 대해 '갚고 싶다'고 느끼는 심리를 뜻합니다.

가까운 예로 백화점 식품 코너에서 실시하는 신제품 시식을 들 수 있습니다. '먹기만 하고 아무것도 사지 않으면 미안하니까' 하는 생각에 어느새 그 식품을 집어 든 경험은 아마 누구에게나 있을 것입니다. 이는 사회심리학자인 로버트 치알디니Robert B. Cialdini 가 저서 『설득의 심리학』에서 중요한 기술로 소개한 유명한 법칙입니다.

설득과 협상을 할 때 이 심리를 이용하면 일을 유리하게 진척시킬 수 있다고 합니다. 자신의 영역에서 상대가 황송해할 정도로 대접하면 상대는 '이렇게 극진히 대접을 받았으니 어떤 형태로든 갚아야 한다'는 생각이 들 것입니다.

하지만 어디까지나 상대를 기쁘게 하고 싶다는 마음을 우선으로 해야 하겠지요. 상대가 기뻐하기를 바라는 마음으로 대하면 상대는 진심으로 고마워합니다.

그렇게 해서 자연스럽게 비즈니스가 원활히 이루어지는 '덤' 이 붙는 것입니다.

사내에서의 배려는
팬을 만드는 일

●
(
○

　자신의 영업 실적을 올리고 싶다면 고객에게 호감을 얻어야
합니다. 하지만 이에 못지않게 중요한 것이 사내에서 자신의 팬
을 만드는 일입니다.

　주변 사람들을 어떻게 움직이게 하느냐에 따라 결과가 달라
지기 때문이지요.

　팬을 만들 때 꼭 필요한 것이 바로 평소의 마음 씀씀이, 즉 배
려입니다.

　　　　　인간관계가 돈독해지는 태도　　　　　○

저는 대학원생 시절에 한 치과에서 일주일에 한 번, 치과의로서 아르바이트를 한 적이 있습니다. 보수 중에는 기본급 외에 성과급 제도도 있었습니다. 만약 어느 정도 매출을 올리고자 한다면 많은 환자의 예약을 받아야 하는데, 그러기 위해서는 접수 직원이 여러 명의 시간제 치과의 중에서 제게 그 일을 맡기고 싶도록 만들어야 합니다.

그러려면 치료 실력은 물론이고 안정감과 청결함, 손의 온기와 지식, 그리고 환자를 위한 배려심이 있어야 합니다. 한마디로 의사로서 신뢰를 받고 호감을 줄 수 있는 실력과 인상을 지니면 호감도 증가하고 매출도 자연스레 증가하지요.

이는 치과의사에게만 해당하는 이야기가 아닙니다. 사회에서 일하는 사람이 '겉모습'을 의식하는 것은 '자신의 직업에 알맞은 모습'을 갖추기 위해 의식한다는 뜻이지 결코 경박한 발상이 아닙니다.

이렇게 실력도 겉모습도 제대로 갖춰 노력하면 회사에서도, 고객에게도, 사내 동료들에게도 호감을 얻어 팬이 생기고 실적도 올라갈 확률이 높아집니다.

사내에서 팬을 만들기 위해서는 커뮤니케이션도 잘해야 합니다. 저는 학구적인 내용으로 소통하는 것도 중요하게 여기고 있습니다. 연구 모임에 갔다가 돌아오면 자료를 이해하기 쉽게 만들어 직원들에게 배포하고 제가 배운 내용을 공유합니다. "모두 읽어보시고 일에 도움이 되기를 바랍니다" 하고 한마디 덧붙이면서 말이지요.

사내에서 팬을 만들기 위해 할 수 있는 일을 찾아 적극적으로 실행해 보면 분명 나중에 도움이 될 것입니다.

까탈스러운 사람을
대응하는 자세

하루는 어느 출판사 편집자가 상담을 요청했습니다.

"굉장히 좋은 콘텐츠를 갖고 있는 저자와 함께 책을 만들고 있는데 툭하면 화를 내서 함께 일하기가 너무 힘들어요. 제가 '이 부분은 틀린 것 같습니다' 하면 금세 얼굴이 시뻘게져서 벌컥 화를 내니까 이젠 아무 말도 못 하겠더라고요. 함께 작품을 만들 수가 없네요. 어떻게 하면 좋을까요?"

일을 잘하고 능력이 뛰어나지만 커뮤니케이션이 잘 안 되는 사람, 이런 사람은 어느 회사나 조직이든 한두 사람은 있지 않을까요? 당연히 제 주변에도 있습니다.

결론부터 말하자면 결과를 내는 데 초점을 맞춰, 양보할 수 있는 것은 양보하는 방법을 권합니다.

좋은 책을 만들겠다거나 팔릴 만한 책을 만들겠다는 결과를 원한다면 그 결과에 집중해서 저자의 완고한 성격이나 거친 말투에 휘둘리지 말아야 합니다.

그보다는 상대의 장점을 살려 더욱 좋은 결과물을 만들어내는 데 주력하세요.

만약 모두가 케이크를 먹고 있을 때 누가 "나는 떡이 먹고 싶은데" 하고 말한다면 "그랬구나. 나중에 사다줄게" 하고 받아들이면 됩니다.

원래 좋은 상품을 만들어내는 사람, 좋은 콘텐츠를 고안하는 사람은 장인 기질이 있고 강한 고집도 있기 마련입니다. 그렇지 않으면 무언가를 창출해내기가 어렵거든요.

고집이나 신념이 강하다 보면 아무래도 시야가 좁아질 수 있습니다. 확고한 자신의 세계관을 갖고 있기 때문에 상대에게 맞추거나 상대를 추어올리는 유연한 커뮤니케이션을 취하지 못하는 경우가 많습니다.

이렇듯 대하기 까다로운 사람과 원활하게 소통하기 위한 배려의 핵심은 두 가지입니다.

① 언쟁하지 않는다.
② 상대를 인정한다.

① 언쟁하지 않는다.

상대가 강한 어조로 의견을 말할 때 그의 페이스에 말려들지 않아야 합니다. 상대가 던진 강한 공을 맞받아치면 또 강한 공이 되돌아올 게 뻔합니다. 상대가 강하게 말하더라도 자신은 평소의 어조 그대로 "그렇군요" 하고 가볍게 대답하면 됩니다.

거친 말이 날아오면 사람은 대부분 질책을 당했다거나 자신이 잘못했다는 생각에 거부당하는 기분이 들기 쉽습니다. 하지만 뾰족한 말을 서슴지 않고 내뱉는 사람은 누구에게나 똑같은 태도를 취하기 때문에, 사실은 그 탓으로 본인이 '다른 사람들에게 거부당한 경험'을 많이 했을 것입니다. 따라서 그럴 때는 상대의 기분을 받아주는 상냥한 태도가 필요합니다.

그러면 상대는 '어라? 이 사람은 나를 공격하지 않네?' 하고
안도감을 느껴 오히려 협조적으로 바뀌는 사례가 많습니다. 그
렇게 하기 위해서라도 상대가 속에 쌓아놓은 감정이 풀어질 수
있도록 해봅시다.

인간관계는 자신이 어떻게 인식하고 받아들이느냐에 따라,
곧바로 상대의 태도와 대응도 달라집니다.

② 상대를 인정한다.

상대의 의견이 자신의 의견과 다르다고 해도 "그건 틀렸어
요" 하고 반론하지 않는 게 좋습니다. 반대로 "그렇지요" 하고
일단 인정해 주세요.

좋은 점도 그렇지 않은 점도 모두 그 사람의 개성입니다.

무리하게 바꾸려고 하면 그 사람다움을 잃게 됩니다. 그러므
로 부정은 하지 않는 것이 좋습니다. 오히려 '장점'에 초점을 맞
추세요. "○○씨는 깨닫지 못하고 계신지도 모르지만 이런 점이
매력적인걸요", "이 의견이 좋았어요" 하고 말해주는 겁니다.

이러한 태도가 그 사람의 장점을 살려 결과적으로도 최고의
성과를 낼 수 있을 것입니다.

3장

ATTITUDE

한 단계 위의
태도

COMPETITIVE

메모 한 장으로
마음 사로잡기

아침에 제가 잠깐 자리를 비운 사이, 집무실 책상에 커피와 함께 메모가 적힌 포스트잇이 붙어 있던 적이 있습니다.

'원장님, 커피를 끓였어요. 오늘 하루도 잘 부탁드립니다.'

이날은 하루 종일 따뜻한 마음이 들었습니다. 포스트잇 메모는 얼굴을 마주하지 않고 의사소통을 할 수 있는, 간단하면서도 기억에 남는 커뮤니케이션 도구입니다.

예를 들어 동료보다 먼저 퇴근할 때 이렇게 매모를 남겨보세요.

'오늘은 먼저 들어가겠습니다. ○○님도 조심히 가세요.'
'감기가 유행하고 있으니 건강 유의하세요.'

이렇듯 소소하게 상대를 배려하는 인사말을 적은 포스트잇을 동료의 책상에 붙여 놓으면 마음의 교류가 이루어집니다. 아무 말도 없이 퇴근하는 직원이 대부분이다 보니 한 장의 메모로 자신의 인상을 확 바꿀 수 있습니다.

상대의 마음을 사로잡는 또 하나의 배려는, 마시던 차가 거의 다 없어질 때쯤 "차 더 드릴까요?" 하고 물어보는 것입니다.
방문객에게 차를 내는 일이 많은 회사도 있을 것입니다. 만약 차 내오기가 자연스럽게 시행되는 직장이라면 사소하지만 꼭 해보길 바랍니다.
이때 마시던 잔에 같은 차를 더 따라주기보다는 새로운 차를 내가는 것이 핵심입니다.

자료 확인으로
상대의 시간을 빼앗지 말 것

업무를 보다가 상사에게 확인을 부탁하는 일은 일상다반사입니다. 회의 자료나 기획서, 회사 앞으로 도착한 선물에 대한 감사 편지 등을 상사에게 확인받은 후 제출하는 것은 회사나 조직 생활에서 많은 사람이 경험하는 일이지요.

그런데 상사에게 확인을 받을 때 반드시 유념해야 하는 사항이 있습니다.

'내가 보기에는 100퍼센트 이 상태로 제출할 수 있다.'

'최선을 다했다.'

이렇게 자신할 수 있는 수준으로 작성한 뒤에 "확인해 주시겠습니까?" 하고 보여줘야 합니다.

만약 불충분한 상태로 자료를 제출하면 그 자료를 확인하는 상사는 두 번, 세 번을 살펴봐야 하겠지요.

"여기, 넣으라고 한 내용이 일부 누락되었는데?"

"이 숫자는 자릿수가 하나 틀린 거 아닌가?"

"행간이 너무 빡빡해서 읽기가 불편해."

부하 직원의 업무를 확인하는 것은 상사의 일입니다. 그리고 상사의 일을 가볍게 덜어주는 것은 부하 직원의 일이지요. 상사의 일을 덜어줄 수 있는 부하 직원은 '일 잘하는 팀원'으로 인정받아 점점 높은 평가를 받게 될 것입니다.

어떻게 하면 상대를
편하게 해줄지 생각한다

저는 치과에 찾아오는 환자들에게 문진표를 쓰게 합니다. 바로 얼마 전에 접수 담당 직원들에게 문진표 양식을 새로 만들게 했습니다. 그들이 작성한 서식을 제가 확인해서 더 수정할 부분이 없으면 병원에서 정식으로 사용할 계획이었죠. 담당 직원들은 문진표 양식을 작성하던 중간 단계에서 확인해 달라며 가져왔습니다. 그것은 손으로 쓴 서식이었고 실제로는 그 자료를 워드 파일로 작성해서 완성하게 됩니다.

내용은 잘 구성되어 있었습니다. 개인 정보는 물론 치료 희망 사항을 포함해 환자들에게 확인해야 할 질문 사항이 빠짐없이 정리되어 있었지요. 하지만 손글씨 초안으로는 워드 파일로 옮겨 인쇄했을 때의 글자체나 크기까지 알 수가 없습니다. 레이아웃도 알 수 없고 글자 간의 간격도 보기에 좋을지 판단할 수가 없었습니다.

완성된 양식을 확인하지 않은 채 병원에서 사용하게 할 수는 없는 노릇이므로 결국 레이아웃을 완성한 상태에서 다시 또 제가 확인해야만 합니다.

직원들은 적어야 할 항목만을 확인받고자 했는지도 모르고, 워드로 만들어 확인을 받으면 항목이 많거나 적을 경우 수정할 일이 번거롭다고 생각했는지도 모릅니다. 그 마음을 모르는 바는 아닙니다. 하지만 배려의 관점에서 생각하면 완성형 자료를 제출해야 상대의 품이 덜 들게 하는 결과가 됩니다.

질 높은 업무는
성장의 지름길

상사에게 완성도 높은 자료를 보이면 자신에게도 이점이 있습니다. 더 수준 있는 단계의 조언을 받을 확률이 높아지기 때문입니다.

상사가 '이 직원은 이 정도까지 할 수 있구나. 한 단계 더 높은 조언을 해줘도 그만큼 해낼 수 있겠는데' 하고 판단한다면, 더욱 깊이 있는 조언을 받을 수 있으므로 자신의 성장 속도도 그만큼 빨라지는 것이지요.

물론 업무에 따라서는 중간에 진척 상황을 보고해야 하는 경우도 있습니다. 작성하는 중간 단계에서 보여달라고 지시하는 상사도 있을 것입니다.

어느 단계에서 확인받아야 효율적일지 판단이 서지 않는다면, 어느 단계에서 보여주면 좋을지를 미리 상사에게 물어보고 의논하는 것도 한 가지 방법입니다.

일반적으로는 '스스로 생각할 때 100퍼센트다'라는 단계에서 보여주는 것이 좋다고 생각합니다.

더 구체적인 기준을 제안하자면, 상사에게 점검받아야 하는 자료를 제출할 때 미리 확인해야 할 핵심 요소는 다음의 세 가지입니다.

① 지시받은 항목이 모두 포함되어 있는가?
② 자기 나름대로 좋은 자료를 만들기 위해 고심하고 연구했는가?
③ 오탈자가 없는가?

① 지시받은 항목이 모두 포함되어 있는가?

상사가 말한 요소가 전부 서류에 기재되어 있는지, 혹시 누락된 항목은 없는지 확인합니다.

② 자기 나름대로 좋은 자료를 만들기 위해 고심하고 연구했는가?

지시받은 내용만 넣지 말고, 자신이 나름대로 연구해서 추가합니다. 기대한 이상의 자료를 완성한다면 당신에 대한 평가가 높아질 것입니다.

③ 오탈자가 없는가?

자료에 오탈자가 없도록 세심히 살펴보아야 합니다. 모르는 단어는 반드시 인터넷 사전에서 찾아보세요.

이 세 가지를 꼼꼼히 확인한 뒤에 자료를 제출하면 상사의 업무가 편해지고 당신은 신뢰받는 팀원이 될 수 있습니다.

—

부하 직원의 업무를
확인하는 것은 상사의 일입니다.

상사의 일을 가볍게 덜어주는 것은
부하 직원의 일이지요.

—

문제 해결은
상사의 일이자 배려

제가 운영하는 치과에서는 직원들이 근무하면서 실력을 향상시킬 수 있도록 교육 프로그램을 갖춰 역량의 표준화를 도모하고 있습니다.

하루는 우리 병원에서 일하기 시작한 치위생사 A에게 "CT 촬영 교육을 잘 받았나요?" 하고 물었더니, "아직 못 받았습니다" 하는 대답이 돌아왔습니다.

당장 치위생사의 교육을 담당하고 있는 의사 B에게 확인했습니다.

"A의 교육 프로그램은 어떻게 되었나요?"

그러자 B는 이렇게 보고했습니다.

"중단된 모양입니다. 그래서 선배 치위생사가 이어서 교육하기로 했습니다."

예정되어 있던 교육 프로그램이 제대로 실시되지 않고 있었던 것입니다. 이러한 문제가 일어났을 때 B처럼 보고하는 것은 결코 바람직하지 못합니다.

문제가 발생했을 때는 다음의 두 단계로 대응해야 합니다.

① 본질적인 문제점을 명확히 파악하고 해결책을 마련해 같은 문제가 다시 일어나지 않도록 한다.

② 문제를 그 자리에서 해결한다(이 경우는 A의 교육 프로그램 실시 재개).

원래는 이렇게 보고했어야 합니다.

"제대로 공지가 되지 않아 A의 교육 프로그램이 중지되었습니다. 앞으로는 언제부터 언제까지 프로그램이 실시되며 어떤 평가가 나왔는지를 명확히 말씀드리겠습니다. A의 프로그램은 ○일에 재개해서 ○일까지 끝마치겠습니다."

우선 문제가 일어난 근본 원인을 명확히 파악하는 것이 중요합니다. 수도관에서 물이 샌다면 금이 간 곳을 접착제로 붙여서 일시적으로 누수를 방지할 수 있습니다. 하지만 원인은 수도관 전체의 노후화에 있을지도 모르고, 어쩌면 어딘가에 쓰레기가 막혀서 그 부분만 수압이 높아진 탓에 물이 샜을 가능성도 있습니다.

근본적인 원인을 찾아 해결하지 않으면 또다시 누수가 일어날 것이고 그대로 방치하면 수도관이 파열되는 등 더 큰 피해가 발생할 수도 있습니다.

문제가 일어났을 때는 반드시 근본 원인이 무엇인지, 문제의 본질을 밝혀내야 합니다.

문제가 직원에 관한 일이라면 더더욱 중요합니다.

어느 한 사람만 교육 프로그램을 받지 못한다거나 도중에 중지된다면 본인은 심란할 수밖에 없고 무엇보다 실력 향상의 기회를 놓치게 됩니다.

불평등한 대우를 받는 직원이 더 이상 나오지 않게 하는 것이 상사로서의 배려입니다. 또한 쾌적하고 순탄하게 일이 진행되도록 확인하는 것이 상사의 역할입니다.

후배에게 능력을
심어주는 키포인트

인재를 육성하기 위해서는 성과를 내게 하고 성장시키는 일이 중요합니다. 그러려면 어려운 과제를 완수하도록 해야 한다고 생각하기 쉽습니다. 스포츠 세계로 말하자면, 혹독하고 힘든 훈련을 계속하면 무조건 성공으로 이어진다고 생각하는 것이지요.

하지만 부하 직원을 인재로 키우고자 한다면 그 첫 단계로 일자체를 적극적으로 받아들이려는 마음을 갖게 해야 합니다.

일단 일을 해보겠다는 마음가짐을 가지고 노력하기 시작하면 탄력이 붙어 실력 향상이 가속화됩니다.

익숙해지는 과정을 받아들이려는 마음이 갖춰질 때까지 끈기 있게 곁에서 독려해 주세요.

그다음 단계에서는 상대가 조금만 노력하면 달성할 수 있는 과제를 내줍니다. 한 번에 하지 못했을 때는, 왜 못 하느냐고 다그치는 대신에 지도하는 사람이 '어떻게 하면 두 번째에 해낼 수 있을까'를 생각하고 그에게 적합한 조언을 합니다.

두 번째도 실패했다면 '어떻게 해야 세 번째에 성공할 수 있을까'를 생각해 조언을 합니다. 그렇게 할 수 있게 될 때까지 끈질기게 계속해 나갑니다.

그런 식으로 하다가는 눈에 띄게 앞으로 나아가지 못한다고 생각하는 사람도 있습니다. 하지만 조금씩 반복해 훈련을 거듭하는 방법은 언뜻 멀리 돌아가는 것처럼 보일지 몰라도 사실 지름길입니다.

'도쿄 하코네 구간 왕복 대학 마라톤'에서 아오야마가쿠인대학을 우승으로 이끈 육상경기부 하라 스스무 감독도 좋은 성과를 달성할 수 있었던 이유를 다음과 같이 밝혔습니다.

"그 학생의 능력보다 높이 설정한 목표는 망상에 지나지 않습니다. 그러므로 능력보다 반걸음 앞을 응시하고 그곳을 목표로 당연하고 기본적인 훈련을 해나가는 거죠."

자신감이 붙으면
적극적으로 변한다

제가 운영하는 치과에서도 어떤 일을 할 줄 알게 되면 '다음', 그것을 할 줄 알게 되면 또 '다음'으로 나아가게 하는 방식으로 지도하고 있습니다.

'전화 받기' 업무를 예로 들어보죠. 처음에는 어떻게 전화를 받아야 할지 잘 모르기 때문에 하나하나 자세히 알려줍니다. 우선 '누가 어떤 용건으로 원장에게 전화를 걸어왔는지를 구체적으로 물어보라'고까지 가르쳐 줍니다.

하지만 이렇게 알려줘도 막상 실제 상황이 되면 깜빡 잊을 수도 있습니다.

"원장님, 외부에서 걸려온 전화입니다." 이렇게만 말하고는
제게 전화를 돌려주는 일도 종종 있습니다.

그럴 때 저는 한 번 더 일러줍니다.
"누가 어떤 용건으로 저에게 전화를 한 건지 물어보세요."

이것을 잘할 수 있게 되면 다음 단계로 넘어갑니다.
'원장이 받아야 할 전화(환자나 지인이 걸어온 전화 등)'와 '받지
않아도 되는 전화(영업 전화 등)'를 구분해서 "제가 받지 않아도
되는 전화가 걸려오면 '원장님은 지금 전화를 받을 수 없습니
다' 하고 대답하면 돼요" 하고 가르칩니다.
부하 직원에게 일을 가르치고 능숙하게 만들려면 끈기가 필
요합니다.

전화 대응 업무 같은 건 처음에 대강 가르쳐도 금방 할 수 있
다고 생각하는 사람도 있을지 모릅니다.
처음부터 바로 할 수 있다면 아무도 고생하지 않을 것입니다.
쉽게 할 수 없는 일이기에 일일이 정성 들여 가르치는 것이지

요. 그리고 가끔은 "요전번에 어떤 가게에 전화를 걸었더니 이런 말로 이렇게 대응하더군요. 굉장히 인상적이었어요" 하고 경험담을 이야기해 줍니다.

그러면 직원들은 점점 잘할 수 있게 됩니다. 자신감이 붙으면 적극적으로 업무에 활용하기도 합니다. 더 이상 아무 말 하지 않아도 스스로 '고객의 전화에 어떻게 대응해야 가장 좋을지'를 생각하게 되거든요.

저희 병원에서도 직원이 "원장님, 고객 응대를 잘하려면 어떤 책을 읽어야 좋아요?" 하고 묻기도 합니다. 스스로 고객 응대를 더 잘하고 싶은 욕심이 생기면 더 빨리 성장합니다. 고객 응대뿐만 아니라 다른 업무도 적극적으로 임하게 됩니다.

오픈 마인드로 이야기하는 환경을 만든다

상사와 부하 직원 사이에는 오픈 마인드로 대화하기 쉬운 분위기를 만들어 두는 것이 중요합니다. 오픈 마인드는

'거리낌 없이 자신의 생각과 마음을 전하고 다른 사람의 사고와 감정을 받아들이는 일'입니다.

상사는 부하 직원이 실수를 하거나 일을 빨리 익히지 못할 때도 결코 화를 내서는 안 됩니다. 지금 부하 직원이 하고 있는 업무에 관해 질문을 해올 때가 있죠.
"전에도 가르쳐 줬잖아!"
"왜 몇 번이나 말해도 제대로 못하는 거야?"
그때 이렇게 질책하는 대신에 "응. 이렇게 하면 돼"하고 몇 번이라도 가르쳐 주세요.

열린 마음으로 커뮤니케이션을 하면 부하 직원은 '완벽히 하지 못했어도 상사에게 말하길 잘했어. 상담해도 되는 거구나' 하고 생각합니다. 그러면 문제를 끌어안고 있을 때도 편하게 상담을 요청할 수 있으므로 진짜 문제를 파악하기 쉬워집니다.
만약 말을 건네기 어려운 상사라면 어떨까요?
문제를 껴안고 있어도 감추거나 아닌 척 속이고 꾸미게 됩니다. 그러면 별것 아니었던 문제가 점점 더 커져 돌이킬 수 없게 되는 경우도 있습니다.

조급함은 사람을 가르칠 때
최대의 적

사람을 성장시킬 때, 조급해하지 않는 것이 중요합니다. 시바무라 에미코라는 여성은 사업가인 사이토 히토리 씨의 수제자로 전국 고액납세자 순위에서 히토리 씨가 1위에 올랐을 때 본인도 전국 86위의 쾌거를 이뤘습니다. 큰 성공을 거둔 인물이지요. 저와는 같은 홋카이도 도카치 지역 출신이라는 인연으로 여러 번 만났습니다. 언제나 '천국의 말(인생을 행복하게 하는 긍정적인 말)'을 사용하고 있어 만날 때마다 에너지를 받습니다.

사이토 히토리 씨는 시바무라 에미코 씨에게 책을 쓰라고 계속해서 권했다고 합니다. 하지만 시바무라 씨는 쉽게 엄두를 내지 못했습니다.

그때 사이토 씨는 '10번 말해서 쓰지 않는다면 20번 말하면 된다. 100번 말해서 쓰지 않으면 101번 말하면 된다'라는 생각으로 계속 말했다고 합니다.

현재 에미코 씨는 책을 여러 권 써서 출간했습니다. 히토리

씨도 자신의 제자를 육성하는 과정에서 조급해하지 않고 제자
가 할 수 있을 때까지 계속 독려하기를 중요하게 여겼던 것입니
다. 그러면 사제 간의 인연이 깊어질 수밖에 없습니다. 회사의
상사와 부하 직원도 마찬가지가 아닐까요?

조용히 들어줄 때,
조언을 해야 할 때

어떤 분에게 심각한 내용의 상담을 받은 일이 있습니다. 그때 저는 잠자코 상대의 이야기를 들어주었습니다. 이야기가 다 끝난 뒤에 "괜찮아요. 걱정하지 않아도 돼요" 하고 말해줬을 뿐이지요.

그분은 "코치로서 많은 사람에게 조언을 해주고 계실 텐데, 그저 묵묵히 제 말을 들어주셔서 감사했습니다" 하고 나중에 말했습니다.

사실 저는 이렇게 잠자코 이야기를 듣는 경우가 많습니다. 특히 부하 직원이 상담을 요청해 오면 아무 말 없이 들어줄 때가 많습니다.

다른 사람의 이야기를 들을 때 "나는 이렇게 생각해" 하고 의견을 말하거나 "이렇게 하면 어떨까?" 하고 조언하는 것도 상대를 위한 자상한 마음입니다.

다만 의견을 말하지 않는 것 또한 배려이자 섬세한 태도가 될 때도 있습니다.

사람은 누군가에게 상담할 때 대부분 의견을 구하는 것이 아닙니다. 그저 자신의 심정이나 의견을 '들어줬으면 하는 마음'이 있으며, 그다음으로 '수긍해 주면 좋겠다'고 생각하지요.

그러므로 이야기를 귀담아 잘 들어준 뒤에 "○○씨라면 문제 없습니다. 전 그렇게 생각해요" 하고 말해주기만 해도 대개 상대는 편안해합니다. 근거는 필요 없어요. 그럴듯한 이유를 말하지 않아도 됩니다.

특히 저희 치과에서 일하는 젊은 직원들을 보면 "더 열심히 해"라고 압박하는 건 역효과라는 걸 느낍니다. 상대를 힘들게 할 뿐이지요.

젊은이들에게는 현재 상황을 이해받는 것이 중요합니다.

조언할 때는 대놓고 하지 말고 거리를 두세요.

예를 들어, 모두 있는 자리에서 그 사람에게 하는 조언이 아니라 전체를 향한 조언으로 다음과 같이 말하는 겁니다.

"저는 벽에 부딪혔을 때 이렇게 극복해 왔어요."

실수를 하고 풀이 죽어 있을 때 얼굴을 맞대고 말하면 상대는 부담을 느껴 방어 자세를 취하기 쉽습니다. '당신과 저는 달라요' 하고 생각하거나 직접 말로 되받아치며 반발하기도 합니다. 제가 하는 말의 의미가 잘 전달되지 않은 것이지요.

부하 직원에게 조언할 때, 핵심은 상대의 입장이 되어서 생각하는 것입니다.

한편, 직접 조언을 듣고 싶어 하는 사람에게는 '이 사람이 받아들일 수 있는 조언이 무엇일까', '어떤 상황이어야 수긍할 것인가' 이 두 가지를 생각한 뒤에 조언하면 상대의 마음에 진심이 전해집니다.

업무나 대응이 항상 빠르지만 때때로 엉성하게 마무리하는 경향이 있는 직원에게는 업무 처리가 빠르다는 장점이 얼마나 도움이 되는지 먼저 말한 뒤에 "더 많은 일을 맡기고 싶으니 일의 마무리 단계에서는 속도에 신경 쓰지 말고 정확히 확인해 줬으면 좋겠어요. 그러면 ○○씨는 지금의 배 이상으로 능력 있는 사람이 될 거예요"라고 조언합니다. 그러면 현재의 상태를 부정하지 않고 미래로 이어지는 이야기를 할 수 있으므로 상대가 받아들이기 쉽고 더 나은 방향으로 개선하기도 수월해집니다.

자신이 하고 싶은 말을 하는 게 아니라 '어떤 조언이라면 상대가 받아들일 수 있을지' 생각하는 겁니다. 상대의 시선을 중요하게 생각해 주세요.

―

자신이 하고 싶은 말을
하는 게 아니라

'어떤 조언이라면
상대가 받아들일 수 있을지'

생각하는 겁니다.

―

일을 가르칠 땐
속도를 확인하자

　직장에 새로 젊은 직원이 들어오면 후배를 잘 챙기고 싶은 선배로서, 혹은 경영자로서 '이 사람에게 의욕을 북돋아 주자', '활약하는 자리를 만들어 주자' 하고 생각하게 됩니다.

　그래서 나도 모르게 많은 사람을 소개해 주고 기회를 잡을 수 있을 것 같은 업무를 차례로 할당합니다.

　젊은 신입 사원도 처음에는 새로운 세계를 만날 수 있어 기뻐하며 열심히 합니다. 하지만 사람에 따라서는 능력과 노력이 따르지 못할 때도 있습니다. 그러면 큰 실수를 저지르기도 하고 위축되어 성과를 충분히 내지 못할 때도 있습니다.

활약하고 싶지만 실력이 받쳐주지 못하는 것이죠. 중요한 업무를 맡아 하고 싶지만 능력 부족으로 제대로 완수하지 못하기도 합니다. 그러면 이상과 현실의 차이로 마음이 엉망이 되어버립니다.

저는 이런 사람의 심정을 알아차렸을 때 "무리하지 않아도 돼" 하고 말해주곤 합니다. 그리고 이렇게 덧붙입니다.

"내 경험에 비춰보면 A라는 일을 해내면서 벽을 하나 넘어설 수 있었어. 그러니 자네도 해내길 바란 거지. 도움이 되어주고 싶었거든."

이렇게 말해주면 궁지에 몰려서 괴로웠던 상대의 마음을 해방시켜 줄 수 있습니다. 이런 말을 들은 후배들은 대부분 어느 정도 시간이 지나면 직접 찾아와서 "저, 열심히 해볼게요" 하고 말하더군요.

명심해야 할 점은 상대를 몰아붙이지 않는 것입니다.
"제대로 좀 하라고!", "대체 왜 못 하는 거야?" 하고 질책하지 마세요.

일이 익숙해질 때까지는
업무량을 조절한다

사람에 따라서 업무를 진행할 수 있는 보폭(어느 정도씩 나아갈 수 있는지)이 다르기 마련입니다. 일을 잘하는 연차가 높은 사원이라면 큰 보폭으로 일을 척척 해낼 수 있습니다.

하지만 아직 아무것도 모르는 신입 사원은 자신의 보폭이 어느 정도인지조차 모릅니다. 사실은 50센티미터씩밖에 나가지 못하는데 무리하게 큰 보폭으로 걸으려고 하다가는 넘어지고 말겠지요.

상대의 상황을 보고 그대로 받아들여야 합니다. 그 사람이 할 수 없는 상황이라면 "무리하지 않아도 돼" 하고 일러주세요.

그래도 본인이 해보고 싶어 한다면 걸음마 방식으로 응원하기를 권합니다. 영어 표현 중에서도 베이비 스텝Baby steps은 '아기 걸음처럼 조금씩 나아가도 괜찮아' 하고 격려하는 말입니다. 보폭이 좁아도 좋으니 첫 한 걸음을 내딛게 하고 조금씩이라도 계속 걸어서 앞으로 나아가게 하는 것이 중요합니다. 그리고 보폭이 흐트러지지 않도록 같이 걸으면서 페이스를 조절해 주세요.

과제를 던져주고 '얼마만큼의 분량이라면 할 수 있는지' 상대의 모습을 살펴보면서 이끌어 주는 것이 좋습니다. 상대가 자신의 보폭을 이해할 때까지 이 과정을 되풀이합니다. 그것이 후배를 성장시키는 일이며 그의 성장을 든든히 지원해 주는 선배의 태도이기도 합니다.

그냥 만나지 말고,
완벽하게 만나기

제가 알고 지내는 한 의대 교수는 의국 연구실 출입문에 커다란 거울을 설치해 놓았습니다. 매너를 지켜 언제나 깔끔하게 하는 것이 의사로서도 중요한 태도라는 생각으로, 의국 의사들에게 '먼저 몸가짐을 정돈하세요' 하고 일러주었던 것입니다.

단정한 복장을 갖춰 입는 것은 상대에게 존중하는 의미를 보이는 자세로 '당신을 만나기 위해 단정히 옷을 갖춰 입고 왔습니다' 하는 의미가 들어 있습니다.

저는 윗사람을 만날 때 드라이클리닝한 양복에 잘 다림질한

셔츠를 받쳐 입습니다. 때에 따라서는 넥타이를 매기도 합니다.

낮 시간대가 아니라 저녁 회식 자리에서 윗사람을 만나기로 했다면 갈아입을 셔츠를 회사에 갖고 가는 것도 좋습니다. 일하면서 하루 종일 입은 셔츠는 아무래도 주름이 지고 땀 냄새가 나기도 하니까요. 말로 하지 않아도 상대는 단정한 복장으로 왔다는 것을 알기 때문에 좋은 인상을 남길 수 있습니다.

만약 함께 식사를 하게 되었다면 상대가 음식을 먹기 시작할 때까지 기다렸다가 "자, 어서 드세요" 하고 상대가 권하면 그때 젓가락을 집어듭니다.

'단정히 입고 간다', '상대보다 먼저 젓가락을 들지 않는다'는 것은 비즈니스 매너로서는 당연한 일입니다. 당연한 일을 우직하게 하는 것이 윗사람에 대한 최소한의 배려입니다.

저는 젊었을 때 전통 예의범절과 프로토콜 매너(국제의례, 세계 표준공식 매너)를 책에서 배운 적이 있습니다. 젓가락과 그릇 사용법 등 식사 예절을 제대로 익혀두면 손놀림이 자연스러워집니다.

출판사에서 미팅을 할 때 한 편집자에게 "선생님은 커피 잔을 드는 손이 품위가 있으시네요. 평소에도 그렇게 하시나요?"
하는 질문을 받았습니다. 솔직히 그 질문을 받고 나서 처음 깨
달았지만요.

예절을 공부한 덕분에 상대에게 좋은 인상을 줄 수 있다는
사실에 기뻤던 경험을 이야기해 보았습니다.

만남에서 최고의
실적을 내기 위한 준비

중요한 사람을 만날 때 한 단계 더 수준 높은 배려를
하고 싶다면, 자신을 최고의 상태로 만들어 만남의 자리에 가는
방법이 있습니다.

만약 오후 1시에 중요한 사람과 만날 약속이 있으면 저는 오
후 1시에 가장 좋은 컨디션이 될 수 있도록 아침부터 자기 관리
를 철저히 합니다.

주로 아침에는 필라테스를 하는데, 코어를 단련해서 자세를
바로잡기 위해서입니다. 양복은 전날부터 준비해 놓고, 입고 갈

옷과는 별도로 들고 출근했다가 약속 한 시간 전에 옷을 갈아입습니다. 미리 옷을 갈아입는 까닭은 양복이 몸에 익숙해지게 하기 위해서입니다. 한 시간 정도 입고 있으면 적당히 몸을 움직이기 편해지면서도 동시에 정장의 빳빳한 느낌도 남아 있습니다. 구두는 물론 반짝반짝 닦은 상태입니다.

식사는, 약속 직전에는 너무 많이 먹지 않도록 주의합니다. 배가 나와서 외모에도 영향을 미치기 때문이며 너무 많이 먹으면 졸음이 올 염려도 있습니다.

영양 균형이 잘 맞는 가벼운 식사를 하거나 당분을 조금 섭취해서 뇌를 활성화된 상태로 만들어 두는 것이 좋습니다.

물론 이야기할 내용도 전날까지 명확하게 정리해 둡니다. 최대한 꼼꼼히 준비하면 '상대를 위해 이 정도로 준비했다'는 것을 말로 하지 않아도 상대에게 전달할 수 있습니다. 그러면 그 만남에서 얻고 싶은 결과도 손에 넣을 수 있습니다.

첫 만남에서
너무 어필하지 마라

만약 중요한 사람에게 좋은 인상을 남기고 싶을 때는 처음 만나는 자리에서 간단한 선물을 건네면 좋을 것입니다.

이런 상황에서 간단한 먹거리 선물을 할 경우는 다음 사항에 주의해서 골라야 합니다.

① 짐이 되지 않는 것
② 손이나 옷에 묻지 않는 것

바쁜 비즈니스맨은 짐이 많아지는 것을 꺼려합니다. 그러니 가방에 쏙 들어가는 크기의 선물이 좋겠지요. 또한 업무 시간에도 손에 묻히지 않고 먹을 수 있도록 개별 포장된 과자를 고릅니다.

예를 들어, 낱개로 포장된 미니 도라야키(밀가루 반죽을 원형으로 구워서 두 장을 겹쳐 그 사이에 팥소를 넣은 일본 과자—옮긴이)를 사가는 겁니다.

"지난주 여행지에서 맛있어 보이는 도라야키를 발견했어요. 한입 크기로 먹기도 편해 보이고요. 5개들이라서 양은 많지 않지만 OOO 사장님은 바쁘신 분이니 피곤하실 때 드시면 좋을 것 같아 사왔습니다."

이렇게 건네면 부담스럽지도 않고 좋은 인상으로 남을 것입니다. 상대는 며칠 전부터 자신을 생각하고 마음 써줬다는 사실에 무척 기쁠 것이 분명합니다. 사소한 배려만으로 상대를 감동시키는 방법이니 기회가 생기면 시도해 보세요.

처음 만났을 때
과도한 자기 어필은 역효과

어떤 용건으로 상대를 만나느냐에 따라 다르겠지만, 그때 갖춰야 할 기본은 될 수 있는 한, 상대가 이야기를 주도하도록 하는 것입니다. 될 수 있으면 듣는 역할을 철저히 하세요. 상대가 이야기를 잘 들어주면 누구나 기분이 좋기 마련입니다.

해서는 안 될 행동은 자신을 알리거나 소개하려고 자료나 자신의 작품을 많이 가지고 가서 자기 이야기만 하는 것입니다.

첫 대면에서 중요한 것은 그 자리에서 당신에 대해 좋은 인상을 남기는 일입니다. 그 자리에 승부가 걸려 있습니다. 지금까지 해온 과거의 실적을 상대에게 알리는 게 아닙니다. 더구나 자신의 작품을 전달해서 가지고 가게 하는 행동은 절대 하지 마세요. 상대에게 짐이 될 수 있습니다.

상대가 갖고 가도록 해야 할 것은 당신의 성과가 아니라 좋은 인상입니다.

중요한 것은 대화를 나누고 있는 '지금'입니다. 그리고 지금을 '다음'으로 연결하는 일입니다. 아무리 성과가 좋은 사람이라도 만났을 때 호감을 느낄 수 없다면 다음에 또 만나고 싶지 않을 테니까요.

만약 실적이나 경력을 알리고 싶다면 회사로 돌아가서 메일을 보내세요. 만남에 대한 감사 인사를 하고 나서 '간단한 제 소개 글을 보내드리겠습니다. 시간 나실 때 한번 훑어봐 주세요' 하며 덧붙이고 짧은 자기소개 글을 첨부하는 것이 좋습니다. 만남에 대한 감사 인사 메일을 쓰는 법은 다음 글에서 자세히 설명하겠습니다.

—

상대가 갖고 가도록 해야 할 것은
당신의 성과가 아니라 좋은 인상입니다.

중요한 것은 대화를 나누고 있는
'지금'입니다.

—

만남 이후 감사 인사를
해야 하는 시점

●
(
○

배려의 핵심 가운데 한 가지는 회신을 빨리 하는 것입니다. 만난 사람에게는 그날 안으로 감사 인사를 하는 것이 기본입니다. 감사 메일을 쓰기가 쉽지 않은 사람도 있을 것입니다. 하지만 어렵게 생각할 필요는 없습니다. 경영자나 거래처 상대에게 방문에 대한 감사 메일을 보낼 때는 다음 5가지 요소를 넣어서 마음을 담아 쓰는 것이 중요합니다.

감사 인사를 글로 쓰는 데 관해서는 1장에서도 언급했지만 여기서는 더욱 구체적으로, 실제로 감사 인사를 쓰는 시점에 초점을 맞춰 소개하겠습니다.

① 만남에 대한 인사

② 상대 회사를 칭찬하는 말(구체적으로)

③ 상대를 칭찬하는 말(구체적으로)

④ 자신의 감상

⑤ 다시 한번 감사하는 말

감사 메일의 예

오늘 귀사를 방문한 ○○○입니다.

시간을 내주셔서 감사했습니다.

안내데스크의 직원분을 비롯해 모두 정중히 대해주셔서 감동했습니다.

○○○ 사장님처럼 성공하신 분은 역시 그릇의 크기가 다르다는 것을 깊이 실감했습니다.

오늘 만나 뵈어 정말 기뻤습니다.

거듭 감사의 말씀을 드립니다. 감사합니다.

부담이 되지 않도록, 너무 길게 쓰지 않는 것도 잊지 말아야 합니다.

지는 정보와 지식을 얻고자 치과 세미나에 참가할 때, 시작 전에 반드시 강연자인 교수에게 인사를 하러 갑니다.

"오늘 선생님의 세미나를 수강하게 되었습니다. 잘 부탁드립니다."

그리고 세미나가 끝난 후에도 찾아가서 인사를 전합니다.

"오늘 훌륭한 강연을 해주셔서 감사합니다. 특히 선생님의 ○○ 이야기가 무척 도움이 되어서 저도 내일부터 실천해 보려고 해요. 다음 강연도 기대하고 있겠습니다."

직접 인사를 전하지 못했을 때는 메일을 보냅니다.

어느 날 교수가 "이노우에는 대단해" 하고 칭찬을 하기에 무슨 일인가 했더니, 인사와 감사의 예를 갖추는 습관을 칭찬한 것이었습니다. 다른 수강생들은 굳이 인사나 감사한 마음을 전하러 오지 않았다고 하시더군요.

그렇게 행동함으로써 특별 대우를 받았는지 아닌지는 모르겠지만 강연자분들이 기뻐하는 것은 분명히 느끼고 있습니다.

안 될 일도 되게 하는
웃음의 힘

대화하는 자리에서 저는 언제나 '웃음'을 의식합니다. 웃음으로 인해 인간관계가 원활해지고 마음이 편안해지며 진심을 듣게 되는 경우도 많기 때문입니다.

치과에 치료를 받으러 오는 환자들에게도 가능한 한 웃으며 말을 걸어 분위기를 편안하게 합니다. 어르신에게 의치를 만들어줄 때는 이런 식으로 이야기를 건네곤 합니다.

"할머님, 튼튼한 이로 만들어드릴게요."
"하얀 치아를 갖게 되면 기분도 아주 산뜻해질 거예요."

"30년은 더 젊어지게 해드릴게요. 앗, 30년은 좀 무리겠네요."

치료를 할 때는 이렇게 웃을 수 있는 이야기로 한층 화기애애한 분위기를 만들어 환자의 마음을 편하게 해주는 것이 중요합니다.

치과에 가면 환자분들은 긴장해서 '어떤 치료를 받고 싶은지' 말하기 어렵습니다. 웃음이 있는 부드러운 분위기가 조성되면 긴장이 풀려 속마음을 털어놓고 자신의 생각을 있는 그대로 말하기가 쉬워집니다. 그래야 환자분들이 어떤 치료를 원하는지 본심을 들을 수 있습니다.

치아 치료에는 '본'을 뜨는 과정이 있습니다. 충치 치료에서 구멍이 난 부분에 부드러운 소재를 넣고 시간이 지나 굳어지면 치아에 덧씌울 보철물의 틀을 만드는 공정입니다. 이때는 보통 "본을 다 떴습니다. 이것으로 오늘 치료는 끝이에요" 하고 말합니다. 하지만 저는 본 뜬 형태를 손에 들고 환자에게 보여주며 "본이 예쁘게 나왔네요. 치아도 예쁘게 씌울 수 있겠어요" 하고 말해줍니다. 그러면 환자분은 "정말이에요?" 하며 무척 기뻐합니다.

상대가 기뻐할 만한 한마디를 덧붙였을 뿐입니다.

'어떻게 하면 환자분이 기뻐할까?' 하고 늘 생각하다 보면 그 한마디가 자연스럽게 나옵니다.

자주 묵는 호텔 직원에게 이 이야기를 해준 적이 있습니다. 그 직원은 어느 날 제가 커피를 부탁하자 재빨리 "이노우에 선생님께 맛있는 커피를 가져다 주실래요?" 하고 제게 들리도록 다른 직원에게 지시하는 게 아니겠습니까?

커피를 내리는 방법은 평소와 같을 것입니다. 하지만 '맛있는'이라는 한마디를 덧붙이기만 했는데도 저절로 미소가 흘러나왔습니다. 커피도 여느 때보다 맛있게 느껴졌지요.

사소한 한마디를 덧붙이기만 해도 상대의 마음을 훨씬 밝게 할 수 있습니다.

제가 다니는 강연회에서도 '웃음'을 빼놓을 수 없습니다.

특히 점심 식사 후에 단상에 올라서면 청중이 자거나 졸린 표정으로 듣고 있다는 것을 알 수 있습니다. 그럴 때 "점심을 먹은 후라 모두 졸리겠지만 힘내봅시다!" 하고 말할 수도 있습니다. 하지만 졸고 있던 사람들은 그 말에 죄책감을 느낄지도 모릅니다.

그래서 저는 "졸리네요. 저도 여러분을 보고 있다가 한순간 눈이 감기지 뭐예요. 코까지 골 뻔하다가 퍼뜩 잠이 달아났는데 여러분은 괜찮으세요? 다들 깨어 계신가요?" 하고 단상에서 부드럽게 말을 겁니다.

그러면 장내가 웃음으로 가득 찹니다. 그 웃음소리에 놀라 눈을 뜨는 사람도 있습니다. 유머를 섞어 말하면 아무도 죄의식을 갖게 하지 않고 편안한 분위기를 만들 수 있습니다.

강연뿐만 아니라 출판사 편집자와의 미팅이나 중요한 분과의 회식 자리에서도 항상 웃음을 의식하고 있습니다. 웃음을 계기로 분위기가 편안해지면 인간관계가 매우 좋아집니다. 꼭 '웃음'을 의식해 보세요.

집에 초대받았을 때
갖춰야 할 태도

사회인이 되면 사적으로 회사 사람의 집에 초대받는 일도 있을 것입니다. 직장 동료의 집에 갈 때 배려해야 할 핵심 사항은 다음의 6가지입니다.

① 현관에 신발을 가지런히 벗어놓는다.
② 일을 거든다.
③ 칭찬한다.
④ 가벼운 선물을 가져간다.
⑤ 과음하지 않는다.

⑥ 귀가한 뒤에 감사 인사를 전한다.

① 현관에 신발을 가지런히 벗어놓는다.

남의 집에 들어갈 때 신발을 벗어 가지런히 모아놓는 것은 기본적인 예의입니다. '신발을 가지런히 하는 행동'을 항상 습관화하면 마음도 가지런해진다고 합니다. 평소에 습관을 들여놓으면 좋겠지요.

② 일을 거든다.

남의 집에 초대받으면 "뭔가 도와드릴 일은 없어요?", "뒷정리 도와드릴게요" 하고 자진해서 일을 거들어 보세요. 거절당해도 상관없으며 그런 성의를 전달하는 데 의의가 있습니다.

③ 칭찬한다.

다른 사람의 집에 갔을 때는 '칭찬하기'를 잊지 않도록 합니다. 가구 같은 물건은 물론 자녀나 배우자가 있다면 "자녀분이 활달하네요", "남편(부인)이 좋은 분이시군요" 하고 칭찬합니다. 칭찬을 받으면 기쁘기 마련이고 기억에 남을 것입니다.

④ 가벼운 선물을 가져간다.

앞에서도 말했듯이 스토리가 있는 선물을 가져갑니다. 아이가 있는 가정이라면 어린이용 과자를 준비하는 것도 좋습니다.

⑤ 과음하지 않는다.

집에서 술잔이 오가다 보면 무의식중에 마음이 느긋해져서 과음을 하게 되기도 합니다. 더 있다 가라고 붙잡더라도 "내일 일정이 있어서 오늘은 이만 일어나겠습니다" 하고 적당히 일어서는 것이 현명합니다.

⑥ 귀가한 뒤에 감사 인사를 전한다.

집에 돌아간 후에는 잊지 말고 문자 등으로 감사 인사를 합니다. 문자에도 상대방의 가족을 배려하는 말을 보내보세요.

'두 분을 보고 저도 새삼 화목한 가정을 이루고 싶다는 생각이 들었습니다. 오늘 ○○씨 집에서 제게 베풀어 주신 것처럼, 10년 후에는 저도 다른 후배에게 이렇게 해주고 싶어요. 멋진 하루를 보낼 수 있었어요. 감사합니다!'

이러한 배려로 회사에서도 존중받는 동료가 될 수 있을 것입니다.

높은 사람은
어찌 됐든 고독하다

경영자는 고독합니다. 경영에 대한 막중한 책임을 지고 열심히 당기 결산과 미래를 생각하고 있습니다. 수익이 날 때는 별다른 말을 듣지 않지만 수치가 마이너스로 떨어진 순간에 '경영자의 책임'이라며 비난이 쏟아집니다.

직원들은 그것을 자신의 문제가 아니라 회사의 문제라고 인식합니다. 그때 경영자는 '결국 나는 타인을 고용하고 있는 것뿐이다' 하고 고독을 느낍니다.

매출이 마이너스가 되었을 때 '어떻게 하면 다음 달에 매출을 더 올릴 수 있을까?'를 고민하는 직원이 있다면 아무래도 경영자는 마음속 깊이 감동합니다.

사무 담당 직원도 "이번 달은 고객들 반응이 그다지 좋지 않네요. 저도 주변에 우리 상품을 소개할게요" 또는 "우리 회사의 강점을 더 많이 알리겠습니다" 하고 열의를 보이면 시너지가 날 것입니다.

가족이 힘든 일에 처했다면 어떻게든 가족을 돕고 싶은 게 인지상정입니다. 자신에게 관련된 일이기 때문이지요. 이와 마찬가지로 회사가 곤경에 빠져 있다면 자신과도 일부 관련되어 있다고 생각하고 어떻게 대처하면 좋을지 함께 생각해 제안해 보세요. 경영에 대해 비전문가가 말하기가 주제넘다고 생각할지도 모르지만, 경영자는 직원들의 진심을 느낄 때 더욱 마음을 쓰고 노력하게 됩니다.

동기 부여로 이어지는
유대 관계

직장에서의 태도로 빼놓을 수 없는 것은 이 회사가 목표하고 있는 과제를 이해하고 '회사의 미션을 함께 달성하기 위해 내가 일하고 있다'고 의식하는 것입니다.

전 직원이 미션을 달성하기 위해 일하면 '모두 함께 잘해보자' 하는 마음으로 이어집니다. 이 유대 관계가 회사의 성과로 나타납니다. 경영자는 이 순간, 직원을 동료로 느끼게 되는 것이지요.

결과를 내는 것도 중요하지만 경영자의 제일 큰 기쁨은 직원들과 마음을 하나로 모아 함께 일하고 있다는 만족감을 얻는 데 있습니다.

회사 내에서 큰 성과를 올리는 사람도 있습니다. 물론 기업에서는 결과를 내는 직원이 중요하지만, 실은 무엇보다 동료로 함께 해주는 사람이 있기에 기쁜 법입니다. 요령이 없고 그다지 일을 잘하지 못하더라도 성실하고 꾸준하게 일을 하는 사람은 신뢰를 받습니다.

회사의 성공은 성과만으로 생각할 수 없습니다. 사람 간의 유대 관계가 중요합니다.

진심을 담아 일과 사람을 대하는 사람이 회사에서도 소중히 여겨지기 마련이고, 마음을 담아 행동하는 사람은 고객이나 거래처도 진심으로 대할 수 있습니다. 결과적으로 회사에서도 유능한 직원이 될 수 있는 것이지요.

복리후생이 만족스러운 회사를 선택해 개인 생활과 일을 동시에 즐기면서 살아가려는 생각도 좋습니다. 그러나 한번 회사의 미션을 이해하고 자신이 그 달성을 위해 무엇을 할 수 있을지 생각해 보는 것도 권하고 싶습니다.

그러는 가운데 지식과 능력을 향상시키면 사회에도 도움이 되고 결과적으로 자신의 수입도 늘어나게 됩니다. 이러한 관점에서 사고할 수 있는 사람이 진정한 일을 한다고 볼 수 있습니다. 미션을 생각하면 열심히 일하고 싶어지지만, 미션을 정확히 인지하지 못한 채 눈앞에 놓인 일만 그때그때 해치운다면, 절대로 일에서 재미를 느낄 수 없을 것입니다.

여러분이 일하고 있는 회사의 미션은 무엇인지 다시 한번 생각해 보세요.

———

회사의 성공은 성과만으로
생각할 수 없습니다.

사람 간의 유대 관계가 중요합니다.

———

고맙다면
물질적 표현도 잊지 말자

급여일이 되면 별다른 일 없이도 기분이 좋아집니다. 이럴 땐 고마웠던 직장 동료에게 마음을 표현해 봅시다. 고마움을 마음으로만 품고 있다가 겉으로 표현하면 그 관계가 더욱 깊어질 수 있습니다. 또한 추후 업무상으로도 도움이 될 수 있지요.

"그때 도와주셔서 감사했어요. 그 보답으로 제가 밥 살게요."

혹은 상여금을 받았을 때 당연하게 여길 수도 있지만 같은 팀 동료나 상사에게 감사 표현을 해도 좋습니다. 앞에서도 말했듯 혼자 이뤄내는 일은 없으니까요.

"이번 달 상여금 감사합니다."
"다음번에는 더 열심히 할 수 있을 것 같아요."

감사 표현을 받은 동료와 주변 사람들은 기뻐할 테고, 이런
말을 해주는 사람이 거의 없기에 여러분에게 더 애정을 느낄 것
입니다.

대부분의 사람은 노동의 대가로 급여를 받는 건 당연하다고
인식하고 있습니다. '급여가 만 원 덜 들어왔다'거나 '이번 달은
수령액이 줄어들었다' 같은 일에는 즉각 반응하고 상사나 경영
자에게 이야기합니다.

하지만 평소에도 '감사합니다'라는 한마디로 감사하는 마음
을 전하면 어떨까요? 경영자나 상사와의 관계는 확실히 원만해
질 것이고 단순한 기브 앤 테이크 관계보다 더욱 먼 미래를 함
께 바라볼 사이가 될 수도 있지 않을까요?

4장

ATTITUDE

사생활에서의
태도

COMPETITIVE

좋은 행동은
무의식에 각인된다

좋은 태도는 장소와 상대를 가리지 않고 실천해야 합니다. 비즈니스에서 성공하고 싶다면 비즈니스 상황은 물론, 개인 생활에서도 배려를 명심하는 것이 중요합니다.

왜냐하면 인간은 습관의 동물이기 때문이지요. 좋은 태도를 반복해 행동으로 옮기면 결국 의식으로 각인됩니다. 한 뇌과학 연구에 따르면 인간 행동의 90퍼센트 이상은 뇌가 무의식적으로 결정해 이루어진다고 합니다.

코로나19가 한창 확산되고 있는 가운데, 일본 후생노동성은

'3밀 환경(밀폐, 밀접, 밀집)'을 피하고 '사회적 거리(감염 확대를 막기 위한 물리적 거리) 두기'를 강조하고 있습니다. 간혹 이 사안들을 지키지 않는 사람이 있습니다. 제 주변을 둘러보아도 이 수칙을 지키지 않는 사람은 꼭 회사의 미션이나 이념을 지키려고 하지 않는 경향이 있는 듯합니다.

평소에 지켜야 할 약속을 잘 지켜 행동하면 일상생활에서 생기는 약속도 잘 지키게 됩니다.

어떤 일이든 습관으로 만들 수 있다면 인생에서 성공할 수 있습니다.

그렇기에 비즈니스 상황뿐만이 아니라 사생활에서도 배려가 중요합니다.

가장 가까운 대상은 가족입니다. 평소에 가족을 배려하면 비즈니스 상황에서도 자연스럽게 배려하게 됩니다.

가까운 사이일수록
더 신경 써라

사람과 사람은 서로를 완전히 이해할 수 있을까요?

저는 불가능하다고 생각합니다. 사람은 자신조차도 완전히 알기 어려운 법입니다. 타인이라면 더더욱 이해하기 어렵지요. 부모 자식도, 부부 사이도 어렵긴 매한가지인데, 우연히 한 직장에서 일하게 된 상사와 부하 직원이라면 서로 이해하기가 지극히 어려울 수밖에 없습니다.

그래도 1년, 2년 계속해서 시간을 함께 보내다 보면 조금씩 알 것 같은 마음이 듭니다. 그러면 어떻게 될까요? 서로를 대할 때 필요한 설명이 부족해집니다.

상사는 이렇게 생각하지요.

'○○씨는 하나를 알려주면 열을 이해해. 이렇게만 말해도 다 알 거야.'

'항상 하고 있는 일이니까 맡겨도 문제없겠지.'

'최근에는 서로 호흡이 척척 맞아서 업무도 순조로운걸. 시간도 없는데 설명은 생략하지 뭐.'

팀원은 팀원대로 확인 과정을 생략하고 업무를 진행합니다.

'항상 하던 대로 하면 되겠지.'

'아마 이건 이런 걸 거야.'

예를 들어볼까요? 상사가 영업 거래처에 제출할 제안서를 부하 직원에게 작성하라고 할 때 "○○씨한테 맡길 테니까 알아서 해주세요" 하고 한마디로 지시를 마쳤다고 해보죠. 상사는 거래처에 제출하기 전에 부하가 자료를 확인차 보여주며 보고할 것으로 생각하고는 기다리고 있었습니다.

반면에 부하 직원은 "네, 잘 알겠습니다. 진행하겠습니다" 하고 대답합니다. 그는 '내게 전부 다 맡겨주셨구나'라고 착각하고는 작성한 제안서를 상사의 확인 없이 거래처에 제출했습니다. 그러나 가격에 오타가 있어 거래처에 큰 폐를 끼치는 바람에 계약도 틀어졌습니다. 이런 일은 실제로 얼마든지 일어날 수 있습니다.

상사는 "제출하기 전에 한번 보여주세요" 하고 확실히 일러주는 게 배려이며, 부하는 상사가 아무리 다 맡겼다고 해도 "다 작성했는데 혹시라도 잘못된 부분은 없는지 확인해 주실 수 있을까요?" 하고 물어보는 게 배려입니다.

사이가 가까워지면 '자신의 노고와 시간'을 생략하기 쉽지만, 결과적으로 '상대의 노고와 시간'을 허비하게 됩니다.

업무에서는 이러한 생략과 부족한 배려가 큰 실패로 이어질 수 있으니 가까운 관계일수록 노력과 시간을 아까워하지 말고 배려하는 데 더욱 신경을 써야 합니다.

가까울수록
한 번 더 확인하기

부부나 연인, 친구 관계도 마찬가지입니다. 확인하지 않고 '상대는 이렇게 생각할 게 분명해' 하며 단정 짓고 행동하다가 관계가 꼬일 수도 있습니다.

"항상 만나던 곳에서 7시에 보자"하고 친구와 전화로 약속을 했다고 가정합시다. '항상 만나던 곳'을 서로 다른 장소로 생각하고 있을 가능성도 있습니다. 7시라고 해도 아침 7시인지 저녁 7시인지가 애매합니다. 만약 만나기로 한 장소를 서로 다르게 생각한 경우, 서로 말했느니 안 했느니 하면서 언쟁으로 번질 가능성도 있습니다.

서로 너무 잘 안다고 믿는 사이라도 확실히 설명해야 합니다. 사소한 사항이지만 약속이라면 구체적인 장소와 정확한 시간을 분명하게 말로 짚어주세요. 그렇게만 해도 약속이 어긋나는 일은 없어질 것입니다.

상대와 서로 항상 확인하는 습관이 두 사람의 관계를 유지하는 데 중요한 태도입니다.

친구가 힘들 때는
언제든지 함께한다

얼마 전에 친구가 뇌경색으로 쓰러졌습니다. 친구의 아들에게 연락을 받고 정말 걱정이 되었지요. 면회가 어려운 상황이었지만 특별히 부탁해서 병문안을 갔습니다. 직접 얼굴을 보자 친구는 무척 격려가 되었다며 기뻐했습니다.

소중한 사람이 어려운 일에 부딪혔을 때는 당장 만나러 가서 직접 격려하는 것이 얼마나 중요한지를 새삼 깨달았습니다. 누군가에게 직접 격려를 받는 것은 무엇보다도 큰 힘이 되기 때문이죠.

만약 면회가 불가능했더라도 병원까지 와주었다는 깊은 정성을 나중에 알게 되면 기뻐할 것이고 재활하는 데도 격려가 됩니다. 갑자기 입원하게 되면 '멀어서', '바빠서', '일정을 조정할 수 없어서' 등 병문안을 가지 않을 이유는 얼마든지 떠올릴 수 있습니다.

그런 상황에서도 일정을 조율해 문병을 가는 사람은 자신의 일보다 소중한 사람을 우선하기 때문입니다. 바로 '이타 정신' 이지요.

이렇게 행동할 수 있는 사람은 많지 않습니다. 다른 사람들이 쉽게 행동으로 옮기지 못하는 상황에서 병문안을 와준다면 정말 깊은 감동으로 오래 기억에 남을 것입니다.

몇 번이고
용기를 주러 간다

치과마취과 의사인 지인이 많이 아프다는 소식을 들었습니다. 임플란트 수술을 할 때는 마취를 해야 합니다. 제가 운영하는 치과에서는 그와 임플란트 시스템을 제공하는 '교세라'가 함께 팀을 이뤄 임플란트 치료를 하는 경우가 있습니다.

그러니 팀에 없어서는 안 될 의사였지요.

이 의사가 병원에서 진단을 받았는데 난치병이라는 사실이 판명된 겁니다. 그는 평생 더 이상 마취과 의사로 일할 수 없을 것이라는 선고를 받고 바로 삿포로에 있는 큰 병원에 입원했습니다.

제가 사는 오비히로에서 삿포로까지는 200킬로미터 정도 떨어져 있습니다. 자동차나 전차로 가면 편도 3시간이나 걸리는 곳입니다. 자주는 아니지만 저는 가능할 때마다 시간을 내서 병문안을 하러 갔습니다. 병에 걸렸을 때는 다른 사람을 만나고 싶지 않은 마음도 있지만 한편으로는 누가 와주면 기쁜 마음도 들기 마련입니다.

가까운 사람이나 친구는 '당장', '직접', '몇 번'이라도 찾아가면 분명 기쁠 것입니다.

이 의사의 이름은 마사루인데 한자로 '이길 승勝'자를 씁니다. 저는 교세라 직원들과 함께, 병에 맞서 이기라는 의미로 '승勝'자를 새긴 수술용 가운을 만들어 그에게 선물했습니다. 어떻게든 그를 격려하고 싶었기 때문입니다.

본인의 노력과 치료를 담당하는 의사, 가족의 돌봄은 물론이고 우리의 격려도 일조했는지 그는 기적적으로 회복했습니다. 누군가가 직접 격려해 주는 일이 얼마나 상대에게 힘이 되고 기적을 일으키는지 실감한 경험이었습니다.

위로할 땐 '격려'가 아닌
'희망'을 선물하자

친구가 입원하거나 곤경에 빠졌을 때 저는 그 친구와 가족에게 병문안과 더불어 정기적인 응원 메시지를 보냅니다. 짧은 메시지여도 좋으니 꾸준히 보내는 것이 중요합니다.

친구가 갑자기 입원했다는 소식을 듣고 나서 그 무렵에는 이틀에 한 번 정도의 간격으로 메시지를 보냈습니다. 제 메시지를 받은 친구는 제가 지속적으로 자신을 지켜보고 있으며 계속 마음을 쓰고 있다는 사실을 고스란히 느낄 것입니다. 꾸준히 지속되는 지지가 '용기'가 되고 질병과 싸울 '힘'이 됩니다.

그렇다면 어떤 메시지를 보내면 좋을까요?

병에 걸려 괴로운 사람에게 '힘내', '힘내요'라는 메시지를 보내는 것은 자연스럽게 여겨지기도 하지만, 한편으로는 이런 상황에 처한 사람에게 '힘내!'라고 하지 않는 것이 좋다는 의견도 있습니다. 실제로는 어느 쪽이 좋을까요?

저는 숱한 서적과 전국의 수많은 내담자의 말을 통해서 '더 말하지 않아도 힘내고 있으니 "힘내!"라는 말을 듣는 건 괴롭다'는 것을 깨달았습니다. '이렇게 애쓰며 노력하고 있는데 더 힘내라고? 대체 어디까지 힘내면 되는데? 그렇게 생각하면 더 괴로워진다'고 합니다.

그러므로 몸이 아픈 사람이나 역경에 처해 괴로운 사람에게는 "힘내!"라는 말보다 희망을 가질 수 있는 메시지를 보내는 것이 좋습니다.

저는 앞서 소개한 마취과 의사에게는 이런 메시지를 보냈습니다.
"선생님, 느긋하게 쉬고 또 함께 수술합시다."
"선생님이 수술을 지원해 주기를 환자들도 직원들도 모두 기다리고 있어요."

현장에서 함께 일하는 사람이나 가까운 사람에게는 이런 메시지를 덧붙여 희망을 선물하면 어떨까요?
"또 함께 하자고!"
"기다릴게."

뇌경색으로 쓰러진 동료 의사에게는 이렇게 응원 메시지를 보냈습니다.
"꼭 나을 거라고 믿어요."
"재활해서 움직일 수 있게 되면 가볍게 식사라도 같이 합시다."

단지 '식사'라고만 쓰면 격식을 자린 식사 자리로 생각해 이루어지지 않을 거라고 생각할 수도 있습니다.
'식사 모임 같은 데를 언제 또 갈 수 있을지' 하고 오히려 더 우울해질 가능성도 있지요. 일부러 '가볍게'라고 붙이면 상대의 기분도 가벼워질 것입니다.
그 밖에도 다른 표현들이 있습니다.

"조급할 것 없어."

"꾸준히 계속하면 돼."

"희망을 보고 나아가자."

"지금 이 시간은 절대 헛되지 않아."

이런 식으로 상대에게 용기를 불어넣는 말, 희망을 주는 말, 안심할 수 있는 말을 평소에 생각해 두면 각자의 상황에 맞춰서 바로 '희망'을 선물할 수 있습니다.

상대의 마음을 헤아려라

선의의 마음에서 용기를 주려고 한 말이지만 사실은 상대를 상처 입히는 말도 있습니다. 예를 들면 다음과 같은 말 입니다.

"이렇게 쉬어도 괜찮은 거야?"

"빨리 복귀해 주세요."

"세상은 점점 앞으로 나아가고 있으니 빨리 돌아와!"

이렇게 '초조하게 하는 말'은 압박이 느껴져 마음에 부담이 될 테니, 다음과 같은 말로 바꿔보면 좋겠지요.

"너라면 언제 복귀하든 반드시 주위에서 필요로 할 거야."

"느긋하게 쉬어도 괜찮아."

"주변에서 빨리 나으라고 할지도 몰라. 아픈 사람이 아니면 모르지. 당장은 좀처럼 움직이기 힘들 테니까 조급해하지 마."

가장 중요한 포인트는 상대의 곁에 가까이 있어주는 것입니다. 곁에 있어준다는 것은 자신의 생각을 강요하는 게 아니라 상대의 마음과 상황에 맞춰 함께 해주는 일입니다.

얼마 전에 한 친구가 '어머니가 갑자기 뇌경색으로 쓰러지셔서 위급한 상태야' 하는 메시지를 보내왔습니다.

그래서 저는 "무조건 나을 수 있다고 믿어야 돼. 너와 어머니는 통해 있으니까 어머니가 네 마음을 느끼실 거야" 하는 말을 들려주었지요. 친구의 어머니는 의사에게 이미 가망이 없다는 말을 들은 상태였지만, 지금은 퇴원해서 점점 건강이 좋아지고 있습니다.

나중에 그 친구에게 이런 메시지를 받았습니다.

'힘들 때 응원해 줘서 고마워. 이 은혜는 평생 잊지 않을게.'

　짧은 말이라도 상대가 은혜라고 생각할 정도로 용기를 줄 수 있습니다. 상대를 진심으로 생각해서 건네는 말이 자신감을 잃고 있는 사람이나 몸이 아픈 사람에게는 최대한의 배려로 다가가는 법입니다.

―

곁에 있어준다는 것은
자신의 생각을 강요하는 게 아니라

상대의 마음과 상황에 맞춰
함께 해주는 일입니다.

―

청결이야말로
최고의 배려

●
(
○

최고의 배려라고 느낀 것 중 하나는 언제 들어가도 화장실이 깨끗한 가게와 호텔입니다.

변기는 물론이고 세면대와 거울이 항상 깨끗하게 닦여 있으며 물 한 방울도 묻어 있지 않습니다. 휴지통도 깔끔히 비워져 있고 손을 닦는 종이 타월과 수건이 부족하지 않게 비치되어 있습니다. 역시 그런 가게와 호텔은 일류의 서비스를 제공하고 있었습니다.

그렇다면 반대의 경우는 어떨까요? 소위 '일류'라고 불리는 가게와 호텔이라면 화장실이 언제나 깨끗한 상태로 유지될 것 같지만, 유감스럽게도 꼭 그렇지만도 않습니다.

세상 사람들에게 일류 소리를 들으면서도 화장실의 휴지통이 휴지로 넘쳐나고 세면대 거울이 물방울로 얼룩져 있는 가게가 의외로 많습니다.

저는 그런 화장실을 목격할 때마다 일하는 사람들의 '손님맞이' 의식이 확실히 갖춰져 있지 않을뿐더러 사내 교육이 제대로 이루어지지 않는다고 생각됩니다.

레스토랑이나 호텔의 서비스업에만 해당하는 일이 아니라, 회사에서도 고객이 사용하는 화장실이라면 기본적으로 '언제 들어가도 깨끗한 상태'를 유지해야 합니다. 청결한 화장실은 사용하는 사람을 기분 좋게 하니까요.

특히 코로나 바이러스 감염증이 발생한 이후, 사람들이 더욱 위생에 신경을 쓰게 되었습니다. 감염 대책과 배려, 이 두 가지 측면에서 더욱 철저한 화장실의 위생 관리와 미화가 절실히 필요합니다.

아무도 보지 않는 곳이야말로
더욱 신경 써야 한다

사무실에서도 자택에서도 자신이 화장실을 쓰고 나면 다음에 사용할 사람을 위해 깨끗하게 해두는 태도가 중요합니다.

아무도 보지 않는 곳에서 다음 사람을 생각해 배려하는 것이지요. 이것이 자연스럽게 되면 상대의 입장에 서서 생각하는 것이 습관화되고 비즈니스 상황에서도 상대의 입장을 헤아릴 수 있게 됩니다.

예능인이자 영화감독인 기타노 다케시가 술집이든 공중화장실이든 자신이 한 번 들어간 화장실을 계속 청소하는 것은 유명한 이야기입니다. 스스로 "내 성공 비결은 화장실 청소에 있다"고 공언했을 정도니까요.

비즈니스 세계에서도 파나소닉의 창업자 마쓰시타 고노스케는 "화장실은 모두가 사용하는 자신의 것이네. 그곳을 청소하는데 무슨 이유가 있겠는가!", "설령 일을 잘한다 해도 상식적인 규칙이나 예의범절을 모른다면 직원들이 마쓰시타 그룹에서 일하는 의의는 희박하다"라면서 자사 공장의 화장실을 먼저 나서서 청소하고 직원들에게 주의를 주고자 결심했다고 합니다.

자동차용품과 정비 서비스 전문 기업인 '옐로햇'의 창업자 가기야마 히데사부로는 매출 실적이 좋지 않은 시기에 "직원들의 마음을 안정시키기 위해서는 우선 직장을 깨끗이 하는 것이 중요합니다. 지저분한 환경에서 그들에게 제대로 일하라고 말한들, 할 수 있겠습니까?" 하며 손수 앞장서서 환경 정비를 시작했습니다. 그 첫 번째 작업이 화장실 청소였다고 합니다.

자신이 들어갔다 나온 화장실을 깨끗이 하는 것은 다음 사람에 대한 기본적인 배려이자 사회인으로서의 상식입니다. 또한 안정된 마음으로 일할 수 있게 하는 중요한 자세입니다.

가끔은 틀려도
그냥 넘어간다

"선생님, 틀리셨어요."

예전에 함께 일하던 팀원 중 하나인 A에게서 온 메시지의 한 부분입니다. 자세한 내용은 잊었지만 어쨌든 거침없는 말이 쓰여 있었지요.

저는 이 메시지에 반론하지 않고 그냥 넘어갔습니다. A가 보내온 내용에 동의했기 때문은 아니었습니다. 다만 '일을 잘해내는 것'이 최선의 목표이고 A는 실력이 있었습니다. 함께 일해서 최선의 목표에 다다를 수 있다면 서로 의사소통이 원만하지 않은 사람이라도 함께 하면 된다고 생각합니다. 그래서 업무 과정에서 심한 말을 들어도 전혀 마음에 담아두지 않았지요. 답장은 했지만 상대가 한 심한 말은 언급하지 않고 '좋은 결과를 냅시다. 잘 부탁드립니다'라고만 써서 보냈습니다.

그걸로 괜찮습니다.
강한 볼이 날아오면 받아서 그 볼을 땅에 내려놓을 뿐, 다시 상대에게 던지지 않습니다.

그것도 커뮤니케이션입니다. 대화로는 성립하지 않지만 커뮤니케이션으로는 성립하는 거지요.

A도 한순간 감정을 담아 보내고는 아마 마음속에서 신경 쓰였을 거라고 생각합니다. 그 일을 제가 다시 들춰내지 않으면 '이노우에 선생이 마음에 담아두지 않아서 다행이야' 하고 안심할지도 모르는 일입니다. 이렇듯 상황에 따라서는 모른 척하고 그냥 넘기는 것도 배려입니다.
저도 인간이므로 사람과 만나다 보면 언짢을 때도 있습니다. 특히 입장이 다른 사람과 이야기를 나누다 보면 경험이 달라서

인지 아무래도 이야기가 맞지 않을 때가 있지요. 그럴 때는 다음과 같이 생각하면서 상대의 이야기를 듣고, 제가 미처 알아차리지 못한 것을 생각해 봅니다.

'이 사람의 입장에서는 이런 관점으로 생각하는구나. 내가 이 사람 입장이었다면 어떤 식으로 생각했을까? 경험이 다른 만큼 배우는 것도 많네. 말이 통하지 않으면 바로 반론하고 싶어지지만 덕분에 배움이 늘었으니 고마운걸.'

즉, 사고의 방향을 상대에게로 돌려 질책하지 말고, 자신을 향해야 합니다. 자신의 감정을 주체 못 하고 상대에게 반박했다고 한들 서로 이해에 다다르기는 어렵습니다. 현실에서 바꿀 수 있는 것은 상대가 아니라 자신입니다.

직장에서도 사생활에서도 사고방식의 차이는 자주 일어나는 일입니다. 그럴 때는 '그런 사고방식도 있구나' 하고 받아들이세요. 차이를 받아들일수록 자신의 그릇이 점점 더 커집니다.

—

강한 볼이 날아오면 받아서
그 볼을 땅에 내려놓을 뿐,

다시 상대에게 던지지 않습니다.

—

모든 관계는
다름에서 시작한다

●
☾
○

아무리 가까운 관계인 부부나 연인도 각자 개성이 있고 다른 인격을 갖고 있습니다. 같지 않으니 당연히 차이가 있을 수밖에 없습니다. 함께 살아가는 데 중요한 것은 이 차이를 인정하는 일입니다.

차이가 있는 것이 당연하다는 전제를 의식하면 부부도 연인도 원만하게 관계를 유지할 수 있습니다. 반대로, 가치관에 비슷한 부분이 있거나 똑같은 생각을 하고 있으면 '의외로 잘 맞는 부분도 있어서 운이 좋아!' 하고 생각해 보세요. 인생이 더욱 즐거워집니다.

어떤 강연회에서 이런 질문을 받은 적이 있습니다.

"저는 세미나 같은 데 참가해 성장하고 싶은데 남편은 그런 자리에 가봐야 소용없다고 일축합니다. 어떻게 하면 남편이 이해해 줄까요?"

확실히 회사 연수의 일환 등 의무로 참가하는 경우라면 세미나가 곧 성장으로 연결되지 않기도 합니다. 이분의 남편은 세미나의 효과가 궁금할 것입니다.

그래서 저는, 세미나에 참가해서 실제로 자신의 어떤 점이 성장했는지를 남편에게 이야기하라고 조언했습니다.

이 사례뿐만 아니라 자신과 타인은 사물을 인식하는 방법이나 가치관에 차이가 있는 것이 당연합니다. 그 차이를 메우기 위해서 상대의 가치관에 없는 것(이 경우는 세미나에 참가해서 얻을 수 있는 것)을 진지하게 설명해 전달하는 것이 중요합니다.

자기가 할 수 있는 일은
스스로 한다

집에서 화장실에 들어가니 두루마리 화장지의 심만 덩그러니 매달려 있습니다. 가정에서 자주 있는 일입니다. 그럴 때 배우자에게 이렇게 말하는 사람이 많을지도 모릅니다.

"왜 안 버리는 거야?"

"깜빡했어. 그럴 수도 있지 뭐!"

이렇게 말다툼으로 번져 서로 기분이 상합니다.

그럴 때는 "심만 남아 있어서 버렸어" 하고 말해보세요. 그것이 정답입니다. 그러면 상대는 "고마워!" 하고 대답할 것이고 그렇게 되면 서로 기분이 상할 일은 아무것도 없지요.

"왜 안 버리는 거야?" 하고 말하는 이유는 무엇일까요?

쓰레기는 배우자가 버리는 거라고 머릿속에서 단정하고 있는 게 아닐까요? 함께 생활하고 있으니 이런 건 상대가 해야만 한다고 단정 짓지 않아야 편합니다.

'방이 조금 어질러져 있다', '머리카락이 떨어져 있다', '화장지 심지만 남아 있다', '방문을 안 닫고 다닌다' 등 생활하는 데서 일어나는 자질구레한 일들은 먼저 알아차린 사람이 하면 그뿐입니다. 자신이 하면 금세 해결될 일이지요.

운명 공동체인 부부에게는 '먼저 알아챈 사람이 하는 것'이 서로에 대한 배려이자 부부 사이를 원만하게 하는 비결입니다.

적당히 공유하고
최대한 존중하기

소중한 파트너라고 해서 뭐든지 다 이야기하는 것이 무조건 좋은 것은 아닙니다. 상대를 의심해서 깊이 추궁한다거나 핸드폰의 통화 내역을 보여달라, 또는 SNS 메신저를 보자고 하는 행동은 피하는 것이 좋습니다. 그것은 상대의 영역을 침범하는 일이니까요.

파트너이기에 더욱 상대방의 프라이버시를 해치지 않도록 하고 상대의 인격을 존중하는 관계여야 합니다.

'서로의 행동을 다 알아야 한다'는 사고방식을 갖고 있는 사람도 있지만 뭐든지 서로 공유하려 하는 생활은 답답하지 않을까요? 그보다는 서로 상대가 하는 일을 인정하고 신뢰해야 좋은 관계를 맺을 수 있습니다.

서로 일정을 공유하는 앱이 요즘 인기라고 합니다. 편리해서 사용하고 있는 사람이 많을 것 같습니다. 혹시라도 이 앱을 사용했을 때 자유가 사라져 숨 막힐 것 같다는 생각이 든다면 가공의 일정을 넣어두는 것이 좋습니다.

일을 하다 보면 상대가 불쾌하게 여길 것 같은 일정, 오해를 빚을지 모르는 상황이 생길 수 있습니다.

별일도 아닌데 "이거, 누구랑 어디서 만나는 거야?" 하는 질문을 받고 일일이 설명하는 것이 피곤하다면 그 일정을 굳이 일정 공유 앱에 넣을 필요는 없습니다. 물론 안 좋은 방향으로 활용하면 안 되겠지요.

상대방이 속한 문화를
존중할 것

커뮤니케이션에 관해서 파트너가 생각하고 있는 문화와 자신이 일하는 직장의 문화가 다른 경우가 흔히 있습니다.

제가 행사 후에 열리는 모임에 참가했을 때 팬인 여성과 함께 사진을 찍은 적이 있습니다. 상대가 원하면 악수도 하고, 대화도 나눕니다.

'사진을 찍는다', '악수를 한다' 같은 행위는 어떤 의미에서 제가 일하는 곳의 문화입니다. 물론 사람에 따라서는 결혼한 남성이 다른 여성과 사진을 찍고, 게다가 SNS에 올리기라도 하면 뭔가 수상하다며 의심하고 억측하는 사람도 있을지 모릅니다.

그렇다고 해서 제가 "저는 결혼했으니 다른 여성과는 사진을 찍을 수 없습니다" 하고 행사 주최자에게 말할 수는 없습니다. 만약 그렇게 말한다면, 극단적이긴 하지만 "그 강사는 사진 촬영도 안 되고 악수도 금지라고 하던데 그거 참 난처해. 괜히 분위기만 이상해지고 참가자들의 만족도까지 떨어지니 다음부터 강연을 의뢰하지 않는 게 좋겠어"와 같이 말하는 일이 생길 수도 있습니다. '강연의 장'이라는 문화 속에서 당연한 일을 하지 않은 탓에 업무 활동의 영역이 좁아질 수도 있는 것입니다.

어떤 직업이든지 저마다의 문화가 있습니다. 서로를 이해하고 존중하는 것이 파트너와의 유대 관계를 더욱 깊이 있게 하는 비결입니다.

최소한의 연락은
서로 간의 예의다

부부나 커플 사이에서 상대에게 가장 신경 쓰이는 것 중 하나가 바로 '귀가 시간'입니다.

특히 출장 중인 상대에게 밤에 전화를 걸어도 받지 않으면 '누구랑 만나서 뭘 하길래' 하고 불안해집니다. 여러 가지 상상을 하면서 자신을 괴롭힐 수도 있습니다.

출장지에서 업무를 볼 때는 "숙소에 돌아가서 연락할게" 하며 말해놓고 돌아가자마자 연락을 하면 안심할 것입니다. 간략하게만 연락해도 상관없습니다.

'돌아왔어'라든가 '지금 돌아왔는데 피곤하니까 잘게'와 같이 짧게 해도 충분히 마음이 전해지고 불안한 마음을 안심시킬 수 있습니다.

또한 만약 회의 중에 메시지가 오면 '지금 업무 중'이라고 짧은 메시지라도 회신해 주는 것이 배우자에 대한 배려겠지요. 그 정도의 회신이라면 시간도 별로 걸리지 않으니까요.

문자는 상세하게 쓰지 않아도 됩니다. 자신의 상황을 전해놓기만 해도 서로 안심할 수 있습니다. 남녀 사이에서는 이런 작은 성의가 서로에 대한 예의입니다.

표현이 서툴러도
가족에게 잘하는 법

부모의 가장 큰 바람은 무엇일까요?

대부분 자식의 일이 순조로우면 기뻐합니다. 또한 자식들이 건강하고 형제자매 간에 사이좋게 지내는 것, 그리고 가족을 꾸렸다면 가족이 화목하게 지내는 것을 무엇보다 기뻐합니다. 건강하고 일이 순조로우며 가족 간에 사이가 좋다면 안심하고 살아갈 수 있으니까요.

부모님을 만났을 때나 연락을 취했을 때는 이처럼 말씀드리세요.

"일은 잘 되어가요."

"건강하게 잘 지냅니다."

"형, 누나들도 다 잘 지내요."

"가족들도 문제없이 화목해요."

이렇게 안심시키는 것이 부모를 위한 태도입니다.

파나소닉의 창업자이자 경영의 신으로 불리는 마쓰시타 고노스케는 해외 지사에 나가면 현지에서 일하는 직원들에게 다음과 같이 질문하곤 했습니다.

"가족은 원만히 잘 지내는가? 주위 사람들에게 헌신하고 있는가?"

그리고 "사이좋게 잘 지냅니다. 주위 사람들이 기뻐하는 일을 하고 있어요" 하는 대답이 돌아오면 안심했습니다. 가족이 화목하고 주위에 헌신한다면 다른 일은 순조로울 수밖에 없다고 생각했기 때문입니다. 반면 갑자기 일에 관한 질문을 하는 일은 없었다고 합니다.

물론 말로만 "건강하게 잘 지낸다", "가족이 화목합니다"라고

사생활에서의 태도 ○

하라는 게 아니라, 실제로 건강하고 형제자매나 가족이 사이좋게 지내는 것이 부모님을 위한 최대의 배려라는 사실은 말할 필요도 없습니다.

사소한 대화가
부모를 기쁘게 한다

부모님과 떨어져 산다면, 가능한 한 매일 메시지를 보내드리기를 권합니다.

'부모님이랑 별로 할 이야기가 없다', '딱히 용건이 없다'는 사람도 있는데, 그렇게 진지하게 마음먹고 하지 않아도 됩니다. 가족이므로 시시한 대화도 상관없습니다.

부모와의 커뮤니케이션에서 중요한 것은 질보다 양, 즉 연락 횟수입니다.

가령 '오늘 있었던 일'은 누구라도 이야기할 수 있는 주제입니다. 부모님에게 문자나 전화로 이렇게 여쭤보면 됩니다.

"오늘 별일 없으셨어요?"

"별일 없어."

"저는 오늘 맛있는 빵을 먹었는데, 다음에 사갈게요."

"고맙구나."

서로 '오늘 있었던 일'을 묻고 이야기하세요. 그것만으로도 부모는 기뻐합니다. 시간은 그렇게 오래 걸리지 않아서 몇십 초에서 몇 분이면 충분합니다.

아무래도 이야기가 길어질 것 같으면 "이제 자려고요", "슬슬 다시 일해야 해요" 하고 마무리하면 되고요.

부모는 자식이 자신에게 관심을 가져준다는 사실 그 자체로 더없는 기쁨을 느낍니다. 자신과 가까운 사람을 기쁘게 할 수 있다면 비즈니스에서도 상대를 기쁘게 할 수 있습니다.

그러니 우선 자신의 주변 사람들에게 배려하는 데에서부터 시작해 보세요.

태도는 비생산적인
시간에 완성된다

●
(
○

한 지인에게 연인과의 관계에 대해 상담해 준 적이 있습니다.

"어제 싸웠지 뭡니까. 바로 화해를 하기는 했지만 그녀는 오늘도 기분이 좋아 보이지 않더군요. 서로 대화를 해서 해결책도 냈는데 왜 여전히 화가 나 있는 걸까요?"

그 남성의 이야기를 들어본 바로는, 연인의 이야기를 듣고서 자신의 의견을 말한 뒤 서로 납득할 수 있는 해결책을 이끌어냈다고 합니다. 물론 그에게 잘못은 없는 것 같더군요. 하지만 한

편으로 그녀가 원한 것은 '해결책'이 아닌 것처럼 느껴졌습니다.

자신도 말로 설명하기 어려운 '무언가'를 그가 알아차리는 것이 문제의 근본적인 해결책이라고 생각했기에 저는 그에게 두 가지를 조언했습니다.

① 규칙을 정한다.

'싸움을 해도 다음 날은 리셋' 등의 규칙을 정해놓으면 그 이상 생각하지 않아도 되므로 편안한 기분이 될 수 있습니다. 상대가 쉽게 기분 전환을 할 수 있도록 규칙으로 환경을 갖춰주는 것도 배려라고 할 수 있습니다.

② 드라마나 영화를 보며 사람의 심리를 공부한다.

어떤 사람은 말로 자신의 의견을 전하기 전에 상대가 알아차려 주기를 바라는 경향이 있습니다. 하지만 생각보다 알아차리는 데 둔감한 사람이 많습니다.

하지만 상대가 주로 어떤 걸 알아주길 바라는지 그 성향을 파악하면 행동으로 옮길 수 있을 것입니다. 드라마와 영화는 이럴 때 도움이 됩니다. 남의 연애사를 들여다볼 일이 평소엔 크게 없으니까요. 보고 있으면 그런 장면이 자주 나오니, 드라마나 영화를 보고 배우라고 조언했습니다.

더 깊은 태도가
시작되는 곳

연인 사이가 아니더라도, 상대의 가치관이 자신과 전혀 다르다면 상대가 원하는 것을 깨닫지 못해서 진심이 제대로 전해지지 않는 경우도 있습니다.

태도의 폭을 넓히려면 다양한 경험과 배움을 얻고 자신의 가치관을 넓혀야 합니다.

매일 업무에 쫓기다 보면 효율과 생산성만 중시하기 쉬운데, 사실 생산적인 시간은 비즈니스로밖에 연결되지 않습니다.

그러므로 자신의 가치관을 넓히려면 '비생산적인 시간'을 지내보는 게 좋을 것입니다.

비생산적인 시간에는 자신밖에 느낄 수 없는 체험과 배움이 있습니다.

아무것도 생각하지 않고 마음이 내키는 대로 거리를 산책할수 있는 휴일이 있다고 해봅시다. 평소 업무에서는 접할 일이없는 사람을 거리에서 만나고, 몰랐던 문화를 접해보거나 따뜻한 햇볕과 상쾌한 바람을 온몸으로 느끼며 평온한 기분이 되어보기도 하는 등, 아무것도 하지 않아도 일에서 찾을 수 없는 배움과 체험을 얻을 수 있습니다.

이렇게 비생산적인 시간에서 얻는 배움과 체험은 자신의 가치관을 넓혀주고 인간으로서의 풍요로움을 일궈줍니다. 이것이바로 비즈니스에서는 좀처럼 얻을 수 없는 '인간으로서의 배움'입니다.

배려를 하는 것도 배려를 받는 것도 사람입니다.

인간의 배움이 넓고 깊어지는 만큼 상대의 감정을 생각하거나 헤아릴 수 있게 되고 태도의 폭과 수준이 향상될 것입니다.

배려를 하는 것도
배려를 받는 것도 사람입니다.

태도의 폭을 넓히려면
다양한 경험과 배움을 얻고
자신의 가치관을 넓혀야 합니다.

가장 크게 인생을 바꾸는 힘

인생에서 좋은 기회를 붙잡는 데는 자라난 성장 배경이나 학력이 전부가 아닙니다.

필요한 것은 다른 사람이 자신을 좋아하고 응원하고 싶어지게 만드는 일입니다.

그뿐입니다. 이때 중요한 것이 '아주 사소한 배려'이지요.

수차례 반복해 강조하지만, 좋은 태도란 무언가를 받으면 감사한 마음을 전하는 것, 상대의 기념일에 선물을 보내는 것, 상대가 기뻐할 일을 행동으로 보여주는 것, 바로 이런 일들입니다.

누구나 할 수 있는 손쉬운 일이지만 이 소소한 배려가 인생을 바꿔나갑니다.

하지만 많은 사람이 이렇게 행동하지 않습니다. 마음을 전할 때 물질적인 표현이 필요할 때가 있는데, 허례허식이 심하다 보니 요즘은 '비즈니스에서 선물 금지'와 같은 풍조도 있지요.

저는 항상 남들과 다른 일을 하는 것이 왜 중요한지를 강조해 왔습니다. 남들과 다른 일을 해서 자신밖에 할 수 없는 가치를 만들어내면 그로 인해 인생이 달라지기 때문입니다.

마음껏 배려하세요. 여러분의 방식으로 말입니다. 가능하면 질을 높여나가는 것이 좋습니다. 이를 잘 꾸릴 수 있는 사람이 인생의 기회를 붙잡을 수 있을 것입니다.

제 인생을 되돌아보았을 때 지금 하고 있는 일이 있고, 나름대로 의미 있는 성과를 낼 수 있는 것은 많은 기회를 여러 사람에게 받았기 때문이라고 생각합니다.

그리고 기회를 얻을 수 있었던 것은 배려라는 태도를 갖췄기

때문입니다. 저의 인생을 바꿔온 것은 상대를 생각하는 태도뿐
이라고 말해도 결코 과언이 아닙니다.

배려에 능력과 재능은 관계없습니다.
단지 여러분의 마음속에 있는 '다른 사람에 대한 자상한 마음
씀씀이와 배려'를 더욱 겉으로 드러내 보세요. 그렇게 하면 누
구나 저절로 배려하는 데 익숙해집니다.

이 책에 소개한, 인생을 살면서 겪은 제 경험이 독자 여러분
에게 전달되어 여러분의 인생이 달라진다면 그보다 기쁜 일을
없을 것입니다.

지금까지의 경험을 통해 태도에는 인생을 바꾸는 힘이 있다
고 실감했기에 이 책을 낼 수 있었습니다. 끝까지 읽어주신 여
러분께 감사의 말씀을 올립니다.

옮긴이 **김윤경**

일본어 전문 번역가. 한국외대를 졸업하고 오랜 직장 생활을 거쳐 번역이라는 천직을 찾았다. 다른 언어로 표현된 저자의 메시지를 우리말로 옮기는 일의 무게와 희열 속에서 10년 넘게 새로운 지도를 그려나가고 있다. 좋아하는 일을 직업으로 삼아 살아갈 수 있는 행운에 감사하며 오늘은 어제보다 더 좋은 글을 쓰기 위해 노력하고 있다. 옮긴 책으로는 『철학은 어떻게 삶의 무기가 되는가』, 『니체와 함께 산책을』, 『괴테가 읽어주는 인생』, 『돈의 진리』, 『왜 일하는가』, 『왜 리더인가』, 『일을 잘한다는 것』, 『뉴타입의 시대』, 『나는 단순하게 살기로 했다』, 『나는 치매 의사입니다』, 『문장교실』, 『로지컬씽킹』, 『네가 마지막으로 남긴 노래』 등 60여 권이 있다. 현재 출판번역 에이전시 글로하나를 꾸려 다양한 언어의 도서 리뷰 및 번역 중개 업무도 함께 하고 있다.

태도가 경쟁력이다

1판 1쇄 인쇄 2022년 3월 24일
1판 1쇄 발행 2022년 4월 6일

지은이 이노우에 히로유키
옮긴이 김윤경

발행인 양원석 **편집장** 차선화
책임편집 박시솔 **디자인** 김유진, 김미선
영업마케팅 윤우성, 박소정, 강효경, 김보미 **해외저작권** 함지영

펴낸 곳 ㈜알에이치코리아
주소 서울시 금천구 가산디지털2로 53, 20층 (가산동, 한라시그마밸리)
편집문의 02-6443-8890 **도서문의** 02-6443-8800
홈페이지 http://rhk.co.kr
등록 2004년 1월 15일 제2-3726호

ISBN 978-89-255-7856-9 (03190)